KB274348

창업멘토 윤정근 박사의
장사의 길

윤정근 지음

창업멘토 윤정근 박사의

장사의 길

2016년 10월 5일 1판 1쇄 박음
2016년 10월 15일 1판 1쇄 펴냄

지은이 윤정근
펴낸이 김철종
책임편집 장웅진
디자인 김정호
마케팅 오영일
인쇄제작 정민문화사

펴낸곳 (주)한언
출판등록 1983년 9월 30일 제1 - 128호
주소 110 - 310 서울시 종로구 삼일대로 453(경운동) KAFFE빌딩 2층
전화번호 02)701 - 6911 **팩스번호** 02)701 - 4449
전자우편 haneon@haneon.com **홈페이지** www.haneon.com

ISBN 978-89-5596-767-8 13320

이 도서의 국립중앙도서관 출판예정도서목록(CIP)은 서지정보유통지원시스템 홈페이지(http://seoji.nl.go.kr)와 국가자료공동목록시스템(http://www.nl.go.kr/kolisnet)에서 이용하실 수 있습니다.(CIP제어번호: CIP2016022803)

장사의 길

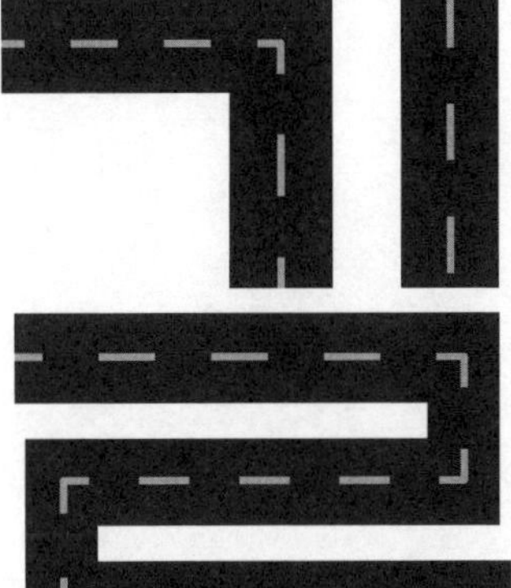

무슨 마약을 드셨기에 장사를 하려나요?

누군가가 당신에게 "왜 장사(창업)를 하려느냐?"고 묻는다면 당신은 뭐라고 대답하겠는가? "취업이 너무도 안 되니까요"라든가 "돈을 많이 벌려고요" 같은 답변을 할 거라면 이 책을 꼭 읽어보기를 바란다.

물론 당신이 처한 상황을 내가 알 리는 없지만, "생존을 위해 창업하겠다"는 당신을 도시락을 싸 들고 다니며 말릴 수는 있다. '창업의 동기'는 매우 중요하기 때문이다.

'창업의 동기'가 분명한 사람은 설령 이번 창업이 실패하더라도 오뚝이처럼 다시 일어날 수 있다. 그러나 '취업이 안 되서' 혹은 '돈을 벌려고' 창업했다면 그 목적을 달성하지 못할 경우 금방 좌절·포기한다. 그러니 정말로 창업해야겠다면 "처음부터 수익이나 즐거움을 누리지는 못한다”는 사실을 명심하기 바란다. 사실 월급을 받는 입장에서도 자신이 돈을 벌기 위해 일한다고 생각하면 시간이 지날수록 일에 대한 만족도가 낮아지기 마련이다. 어느새 자신이 기계처럼 일하고 있다는 생각이 들기 때문이다.

그럼 창업은 어떻게 시작해야 하느냐고? 그 답을 듣기 전에 당신은 장사가, 그러니까 ‘창업’이 결코 만만치 않다는 사실을 인식해야 한다. 물론 프랜차이즈 업체의 담당자나, 매물로 나온 매장을 소개해주는 부동산 중개업자 혹은 ‘(자칭) 그 분야의 전문가인 지인’의 말을 들으면 당신은 손쉽게 성공할 것 같다. 하지만 그들은 당신이 창업후 반년 뒤 실패해서 권리금은커녕 사무실이나 매장의 보증금마저 돌려받을 수 없게 되더라도 위로의 말 한 마디 해주지 않는다는 사실도 알아야 한다.

저자는 몇 해 전부터 20대 후반의 ‘창업지망생’들로부터 자문을 구하는 연락을 받았다. 처음에는 저자의 일 같아서 열심히 답변해주기도 했다. 그런데 어느덧 “과연 이런 게 진정으로 도움이 될까?” 같은 강한 의구심이 들었다. 그런 의구심은 현실을 도피하고자 ‘묻지마식 창업’을 하는 사람들이 양산되는 현실을 보면서 더욱 강해졌다. 그래서 저자는 장사를 해보려는, 그러니까 창업하려는 사람들이 대개 세우고 있는 ‘잘못된 창업 방향’부터 바로잡아줘야겠다고 마음먹었다. 즉, ‘창업이란 무엇인가?’에 대한 깊은 생각조차 단 한 번도 해보지 않고 무작정 뛰어드는 창업지망생들을 보면서, 창업이 무엇인지를 제대로 알려주기로 한 것이다.

　자영업하는 이들 10명 중 3명꼴로 창업 전보다 더욱 곤궁해졌다는 뉴스 기사를 봤다. 문을 닫지 않으신 분들도 하루하루를 매월 돌아오는 월세와 관리비 지급, 종업원 월급 마련 때문에 괴롭다고 한다. 저자는 더 이상 이런 이들이 나오지 않기를 기도하는 마음을 품고서 1년여 전부터 이 책을 집필했다. 창업 실패는 몇 번이라도 할 수 있는 것이고, 또 오늘날 전 세계 시장을 주름잡는 글로벌 대기업의 창업주들 중에도 그런 분들이 많다. 특히 저자가 이 책에서 여러 번 예로 든 KFC의 창업자 샌더스 대령(Colonel Sanders, 본명 할랜드 데이비드 샌더스)도 식탁 1개와 의자 6개의 음식점 문을 수없이 닫아야 했다. 그래서 저자는 한 번 문을 닫았다고 해서 영영 낙오자가 되는 것도 아니고, 처음부터 망할 생각을 하고서 창업하려는 분들도 없을 것이라고 본다. 그래서 그렇듯 노력하시는 분들에게 조언해드리려는 마음에서 이 책을 쓴 것이다.

　일단 창업 권하는 요즘 사회, 특히 포털사이트 뉴스창에 뜨는 '○○했더니 ×년 만에 대박!' 같은 기사(?)의 '독려'에 설득을 당하기 전에, 자신에게 정말 창업에 적합한 DNA가 있는지를 고려해봐야 한다. 즉, '장사를 시작해보려는 자신'을 철저히 점검·확인하는 절차를 거쳐야만 한다. 가능하다면 지인들에게서 자신의 수준이 어느 정도인지를 냉정하고 객관적으로 평가받아야 한다. 물론 창업 하나에 가진 것과 인생마저 모두 걸어버리는 잘못된 태도도 바로잡아야 한다.

하지만 대부분의 사람들, 특히 자신에게 사회 경험이 많다고 생각하거나 "특별한 아이템이 있다"고 자신하는 사람들은 창업에 대한 강한 자신감을 보인다. 그러나 저자는 그런 분들에게도 단칼에 "하지 마세요!"라고 조언한다. 그래서 많은 분들이 저자에게 불쾌하다는 반응을 보이기도 했다. 하지만 나중에 그분들 소식을 들어보면 열에 아홉이 창업 1년도 안 되어 땅을 치며 울었다고 한다. 그래서 저자는 이 책 집필을 "내 사명이다!"라고 생각했다. 그래서 이 책을 끝까지 읽으신다면 창업 성공 후에 저자에게 정말로 감사하는 마음이 드실 것이다. 실제로 저자의 말을 반신반의하며 따랐더니만, 크게 성공했다며 지금도 저자에게 고마움을 표하는 창업자들도 여럿 계신다.

이 책이 창업을 준비하는 분들에게 진정으로 도움이 되기를 저자는 간절히 소망한다. 저자는 이 책을 집필하면서 창업자들과 창업지망생들을 생각하며 '사탕 같은 말만 하는 조언자'보다는 '엄한 시어머니' 같은 존재가 그들에게 훨씬 더 많이 필요하다고 생각했다.

이 책 덕에 더 이상 '창업 낙오자'가 나오지 않는다면 저자는 이 책이 나온 보람이 있다고 생각할 것이다. 사실 '창업 낙오자'가 되는 데 따른 고통은 도저히 말과 글로 표현할 수 없을 정도다. 가족에게서도 외면당하고, 평소에는 대단치 않게 봤던 혹은 이쪽에게 아부하던 이들에게서마저 손가락질을 당하기 마련이다. 그러니 창업자나 창업지망생이라면 이 책을 반복해서 읽고 공부했으면 한다.

윤정근

Part 3. 창조하기보다 '있는 걸' 팔아라

오늘 누군가가 그늘에 앉아 쉴 수 있는 이유는
오래전에 누군가가 나무를 심었기 때문이다

워런 버핏(미국 투자가, 자본가, 자선가)

1

당신은 '성공했다'는 말에 낚이고 있다

진실의 가장 큰 적은 의도적으로 꾸며낸 부정직한 거짓말이 아니다.
지속적이고 설득력이 있으며, 사실이 아닌 사회적 통념이다.

존 F. 케네디(미국 제35대 대통령)

01. "나는 성공할 것이다"라고? 아니, 당신은 이미 덫에 걸렸다 / 02. '커피숍에서 창업'은 커피숍 주인만 돈 버는 길 / 03. '취미'와 '직업'이 동일하기는 어렵다 / 04. 창업을 한다면 당신은 절대로 '갑'이 아니다 / TIP-1. 자영업자는 직장인에 비해 결코 많이 벌지 못한다.

01.

"나는 성공할 것이다"라고?
아니, 당신은 이미 덫에 걸렸다

창업이 대세다. 대학생, 주부, 심지어 취업준비생까지 창업에 뛰어들고 있다. 포털사이트 메인 게시판의 인터넷 뉴스도 온통 창업 성공 사례로 채워져있다. 그런데 정말로 창업을 하면 누구나 대박을 칠까? 집 앞의 상가들에 입주한 매장들만 봐도 답은 '아니오'임을 알 수 있다.

2015년 기획재정부 발표에 따르면, 국내 창업기업들 중 60%가 3년 내에 폐업한다. 1년간 생존할 가능성은 62%, 3년간 생존할 가능성은 40%라는 것이다. 즉, 신규창업자 수는 2012년 7만 4,000여 명, 2013년 7만 5,000여 명, 2014년에는 8만 5,000여 명에 달했지만, 이들 중 폐업하는 경우도 그만큼 늘고 있다는 것이다. 그런데도 창업은 어제도, 오늘도 계속되고 있다. "나는 성공할 것이다"라고 확신하기 때문일까?

하지만 "나는 성공할 것이다!"라고 확신하기 때문에 창업한 신규 창업자들은 불과 한두 달 만에 창업이 '내 삶의 덫'임을 깨닫게 된다. 그리고 창업의 덫에 한번 걸리면 빠져나가기가 어렵다. 폐업도 쉽지 않기 때문이다. 시설비, 홍보비, 종업원 월급, 매장·사무실 임대료 등 지금까지 투자한 돈이 아깝기 때문이다. 그래서 '언젠가는 뜨겠지'라고 스스로를 위로하면서 적자를 감수하며 운영하기 마련이다. 말 그대로 즐겁게 시작한 창업자의 삶이 지옥에 떨어진 사람의 삶이 되는 것이다.

그래서 저자는 이 책을 읽는 독자들에게 먼저 이 말을 해야겠다. 창업하는 목적이 아래와 같다면 당장 그만둬라.

- 직장 생활이 적성에 안 맞아서 탈출하고 싶다.
- '사장'이 되면 멋있어 보이고, 자유로울 것 같다.
- 지금보다 돈을 더 많이 벌 수 있을 것 같다.
- 특별한 기술이나 재능이 없더라도 프랜차이즈 창업이라면 소자본으로 쉽게 가능할 것 같다.

이런 이유들 때문에 창업을 한 사람들 중 거의 모두는 실패하거나, 근근이 유지하다가 지쳐서 쓰러지기 마련이다. 저자가 이토록 창업을 말리는 이유는, "번듯하게 창업을 하든, 조그맣게 장사를 하든 뭔가를 파는 일은 원래 실패를 전제로 한다"는 사실을 창업지망생들이 모르기 때문이다. 그러니까 창업은 '실패를 거듭하면서 단계적으로 성과를 올리는 것'이다. 세상에서 리스크가 가장 많고, 그리고 그 리스크들이 거듭되는 일인 것이다. 물론 인터넷 뉴스에 소개된 것과 같은 무한 성장도 가능하지만, 실제로는 무한 실패를 하는 경우가 훨씬 더 많다.

그러나 인간이란 실패를 겪으면 너무도 쉽게 무너진다는 사실을 잊지 말아야 한다. 물론 그런 역경과 고통을 감당할 수 있었다면, 이미 당신은 당신이 일하는 분야에서 성공했을 것이다. 그러나 당신은 지금 하는 일과 직장에서조차 버거워하지 않는가. 그렇다면 역시 창업에 대해 다시 생각해봐야 한다.

그래도 창업을 해야겠다면 "나는 왜 창업을 해야 하는가? 창업 외에 다른 길, 예를 들면 계속 다른 사람 밑에서 일할 수는 없는가?"를 명확하게 고려해야 한다. 그리고 '실패에 대한 대책'도 마련해두어야 한다.

하지만 서두에서도 이야기했듯이, 인터넷 뉴스는 창업 초기부터 대박이 난 매장, 너무 잘 나가서 공급을 맞추지 못해 못 파는 제품, 최근 뜨는 이슈에 맞춘 '획기적인 아이디어 제품' 등을 소개함으로써 "나도 저렇듯 성공할 수 있다!"는 환상을 심어주고 있다.

창업을 하려는 사람은 이런 인터넷 뉴스는 물론, 지인들의 말도 함부로 신뢰해서는 안 된다. 이런 '정보'에 현혹되면 〈이솝 우화〉에 나오는 '시장에 당나귀를 팔러 갔던 아버지와 아들'*처럼 땅을 치고 통곡할 일만 생긴다. 그러니 '정보'에 의존하기보다는 과학적이고 검증 가능한 객관적인 통찰을 해야 한다. 그와 관련된 사례를 아래에 소개하겠다.

중견기업의 과장이던 김중배 씨(가명)는 명예퇴직 후 이미 모아둔 돈과 퇴직금, 그리고 대출금까지 합쳐 3억 원을 마련한 뒤, 대단위 아파트 단지 주변에 있는 대형 샤브샤브 전문점을 인수·창업했다. 3억 원의 자금은 프랜차이즈 가맹비, 인테리어 비용, 권리금, 첫달 월세(매장이 커서 월세도 높았다) 등으로 사용되었다.

김중배 씨가 선택한 매장 일대는 대단위 아파트 단지 덕에 상권이 잘 발달되었고, 고객들의 왕래가 빈번한 곳이었다. 김중배 씨는 "매출이 매일 100만 원 이상씩 나올 것이다!"라고 확신했기에 오픈행사도 거창하게 했다.

그런데 오픈 후 6개월간 매일 평균 매출은 40만 원 수준이었다. 김중배 씨는 이 매출로는 종업원들 월급 마련은커녕 월세 내기도 어렵다고 판단했다. 그래서 다른 사람에게 매장을 헐값에 매매함으로써 첫 사업을 정리했다. 정산해보니 김중배 씨는 지난 6개월간 최소 2억

---

* 아버지와 아들이 당나귀를 팔러 가던 중, 지나가는 사람들이 하는 말을 고스란히 따르면서 결국 당나귀를 강물에 빠뜨려 죽인 이야기다. 처음에는 지나가는 사람들의 말을 옳게 여겨 아들을 당나귀에 태웠고, 그 다음에는 아버지가, 나중에는 둘 다 탔다가, "상품인 당나귀를 함부로 다룬다"는 말까지 듣자 당나귀를 장대에 매달아 둘이서 들고 가던 중 다리를 건너면서 강물에 빠뜨렸다는 이야기다.

원 이상을 손해봤다. 김중배 씨는 그 후 손해본 돈을 생각하느라 잠을 자지 못했다. 결국 심한 우울증과 대인기피증마저 생겼다.

　프랜차이즈 업체와 손을 잡고 창업하는 사람들 중 대부분은, "얼마를 투자하면 이만큼의 수익을 벌 수 있다"는 프랜차이즈 업체의 주장을 믿는다. 그러나 창업에는 "투자금을 회수할 수 있다"는 보장이 따르지 않는다. 이런 사실을 기반으로 김중배 씨의 실패 원인을 파악해보자.

① 김중배 씨는 초기부터 무리하게 많은 돈(3억 원)을 투자했다. 투자금액이 많지 않았다면 매월 100만 원을 벌더라도 주변 아파트 단지에 차근차근 홍보할 수 있는 여유를 가질 수 있었을 것이다. 그러면서 매출도 점진적으로 늘었을 것이다. 하지만 김중배 씨는 대출금의 이자에 대한 부담과 생활비 마련의 어려움, 그리고 막대한 월세의 압박에 시달린 것이다.

② 김중배 씨의 매장에는 고객들이 인정해주는 '독특한 차별성'이 없었다. 프랜차이즈는 인테리어와 메뉴를 비롯한 경영과 관련된 모든 것을 규제한다. 그 프랜차이즈만의 일관성(특징)이 있어야 하기 때문이다. 그래서 점주(창업자)가 개성(차별성) 있는 아이디어를 반영하기가 어렵다. 하지만 '독특하고 차별화된 요소'가 없다면 고객들로부터 외면당한다.

③ 김중배 씨는 의지와 희망을 갖췄지만, 자신이 장사를 하려는 상권이라든가 인수하려는 매장에 대한 데이터 분석을 하지는 않았다. 이런 김중배 씨 같은 사람들에게 창업 전문가들은 이렇게 말한다. "안 해보셨으니 정말 용감하셨던 겁니다." 직장 생활을 그만두려는 사람들이 자주 하는 말 중에 "농사나 짓지"가 있다. 그런데 그건 농사에 대해 무지하기 때문에 할 수 있는 말이다. 세상에서 가장 힘들고 어려운 직업이 농사라는 사실조차 모른다면, 그냥 계속 직장 생활을 하는 것이 낫다.

④ 김중배 씨에게는 진정성이 없었다. 창업을 '돈 버는 수단'으로만 생각했기 때문이다. 그래서 무리한 요구를 하는 고객들에게도 친절한 모습을 보이기 위해 노력했다. 어느새 김중배 씨는 "내가 명색이 '과장님' 소리 듣던 사람인데, 저런 사람들 상대로 고작 몇 푼 벌자고 이렇게까지 해야 하나?" 같은 생각을 품으며 매장 뒤에서 담배를 피우기까지 했다. 하지만 매장을 운영하는 사람은 고객들이 당장 알아주지 않더라도 일관된 모습과 서비스·제품을 제공해야 한다. 즉, '진정성'은 고객들에게 제공하는 서비스·제품의 품질이 늘 변함없도록 유지하는 근성 같은 것이다. 그러니 늘 "고객을 모신다"는 마음가짐을 갖춰야 한다. 창업을 한 순간부터 당신의 시간은 곧 고객의 시간이기 때문이다.

〈표1-1〉 창업 실패 이유 10가지

1	열심히 했는데 수익이 없음
2	초기에 무리한 투자 진행
3	시장의 수요가 없는 제품
4	직원·동업자와의 마찰
5	대표의 관리 능력 및 영업력 부족
6	임대료 및 원가의 지속 상승
7	위치·입지 문제
8	대표의 나태함과 게으름
9	홍보비 증대
10	대표의 피로 누적

(1) 준비 없이 뛰어드니 다 망하지!

사실, 대한민국 창업지망생들의 가장 큰 문제는 "창업을 제대로 이해하지 못한 채 뛰어든다"는 점이다. 더군다나 안정적인 창업 지원 시스템도 없는 상황에서 너무도 많은 사람들이 자신의 아이디어만 믿고 뛰어든다. 심지어 열정과 자신감만 있으면 되지 않느냐고 저자에게 반문하는 사람들도 있다.

이런 일이 벌어지는 이유는 일반화의 오류가 만연했기 때문이다.

'창업 인구 중 대부분이 20~30대'라는 고정관념이 대표적인 사례다. 이런 고정관념이 생긴 데에는 인터넷 뉴스의 탓이 크다. '20대 실업자 청년, 아이디어만으로 창업했더니 1년도 안 되어 대박!' 같은 제목의 기사들이 늘 보이다 보니 어느새 믿어버리는 것이다. 하지만 실제로 20~30대가 얼마나 창업했을 것 같은가? 창업진흥원의 〈2014년 창업기업실태조사〉*에는 창업자 중 20대의 비율이 1.4%에 불과한 것으로 나왔다. 그 대신 40대 이상의 창업자는 84% 이상이었다.

특히, 최근 7년간 창업한 사람들 중 50대의 비율이 가장 높았다. 그런데도 언론사들은 연일 '청년들의 창업 성공 사례'를 포장해 쏟아내고 있다. 그렇다 보니 '취업'과 '성공'을 갈구하는 20~30대 청년들은 창업에 대해 고민하기 마련이다. 심지어 직장 생활을 잘 하고 있는 신입사원들마저 창업을 고민하고 있다. 저자의 지인은 "엉터리 창업 정보 때문에 창업이 청년들의 도피처가 되고 있다"며 개탄하기까지 했다. 이 지인의 말대로 20대 청년들마저 프랜차이즈식 생계형 창업에 돈을 쏟아붓는 현실을 보노라면, 우리나라의 창업 현실이 상당히 위험한 수준에 이르렀다고 본다.

대기업 출신들이 창업을 많이 한다는 루머도 널리 퍼져있다. 그러나 〈표1-2〉를 보다시피, 창업자의 전직 직업 비율은 중소기업 회사

---

* 〈2014년 창업기업실태조사〉는 중소기업청이 주관하여 통계청 전국 사업체 조사 결과를 기준으로 2006년 1월 1일부터 2012년 12월 31일까지 창업한 업체 중 표본 조사 대상을 설정한 뒤, 6,077개의 표본 조사 결과를 기반으로 2014년 9월 2일부터 2015년 2월 28일까지 조사한 다음 2015년 10월에 발표한 보고서다.

〈표1-2〉 우리나라의 창업자 현황

구 분		비 율	비 고
학력	대학원졸(박사)	0.9%	
	대학원졸(석사)	3.7%	
	대졸	37.5%	
	전문대졸	9.3%	
	고졸	37.2%	
	중졸 이하	11.3%	
창업 연령	60대 이상	14.7%	
	50대	34.8%	
	40대	34.4%	
	30대	14.6%	
	20대 이하	1.4%	
전 직업	국내 중소기업	67.1%	평균 근속 11.8년
	국내 대기업	8.2%	
	외국계 기업	1.1%	
	공공(연구)기관	1.0%	
	초중고학교	0.4%	
	대학, 대학교	1.1%	
	정부, 지자체	0.8%	
	일반 협회, 단체	0.6%	
	조직에 속하지 않음	7.5%	
	기타	12.2%	

자료: 창업진흥원 〈2014년 창업실태조사 자료〉

원 67.1%, 대기업 회사원 8.2%, 대학생 1.1% 수준이다.

저자는 창업 관련 정보를 파악할 때 일반화의 오류에 빠지지 말라고, 인터넷 뉴스나 주변 사람들의 말을 너무 믿지 말라고 조언한다. 그러니까 창업을 할 때에는 자기 스스로 철저히 검증해야 한다.

(2) 총도 없이 전쟁터로 내몰리는 중년들

〈표1-2〉를 보다시피 신규창업자들 중 40~50대가 70%에 달한다. 평균 소요 자금은 2억 2000만 원 정도다. 창업 준비 기간은 평균 7.7개월 정도다. 즉, 창업 준비 기간이 불과 1년이 채 안 되는 것이다. 그런데 본인만의 독자적인 아이디어로 창업하는 비율은 98%였다. 즉, 다른 이들과 다양한 아이디어들을 모으고 검증하고 조율하기보다, 자신의 판단만 믿고 창업하는 것이다. 그렇다고 특별한 전략에 기반을 둔 사업 아이템이 있는 것도 아니다. 당장 먹고살기 위한 '생계형 창업'인 것이다.

이러한 이유들 때문에 대개의 창업이 프랜차이즈 본사에 의존하는 식으로 진행되고 있다. 물론 40~50대 창업지망생들도 창업 실패율이 높다는 사실을 안다. 그런데 왜 생계형 창업을 시도할까? 이는 그 나이대의 사람들이 가족을 부양해야 하기 때문이다. 자녀 한 명을 교육·양육하는 데 매월 수백만 원 이상이 들지 않는가. 더군다나 20대 중후반부터 약 20년간 직장 생활을 하더라도, 내 집 마련조차 못한 채 퇴직을 맞이하기 일쑤다. 즉, 노후 준비는 생각할 수조차 없는 것이다.

그런데 창업을 하려면 철저한 준비와 노력이 필요하다. 단지 "내 삶이 막다른 골목에 몰렸으니, 이거라도 해보자!"는 무데뽀*적인 사

---

* 無鐵砲, '데뽀'는 일본어로 '총포'를 말한다. 즉, 무데뽀는 전쟁을 하러 나가는 사람이 총포도 갖추지 않았다는 뜻이다.

<표1-3> 40대 이상의 사람들이 생계형 창업을 할 수밖에 없는 이유

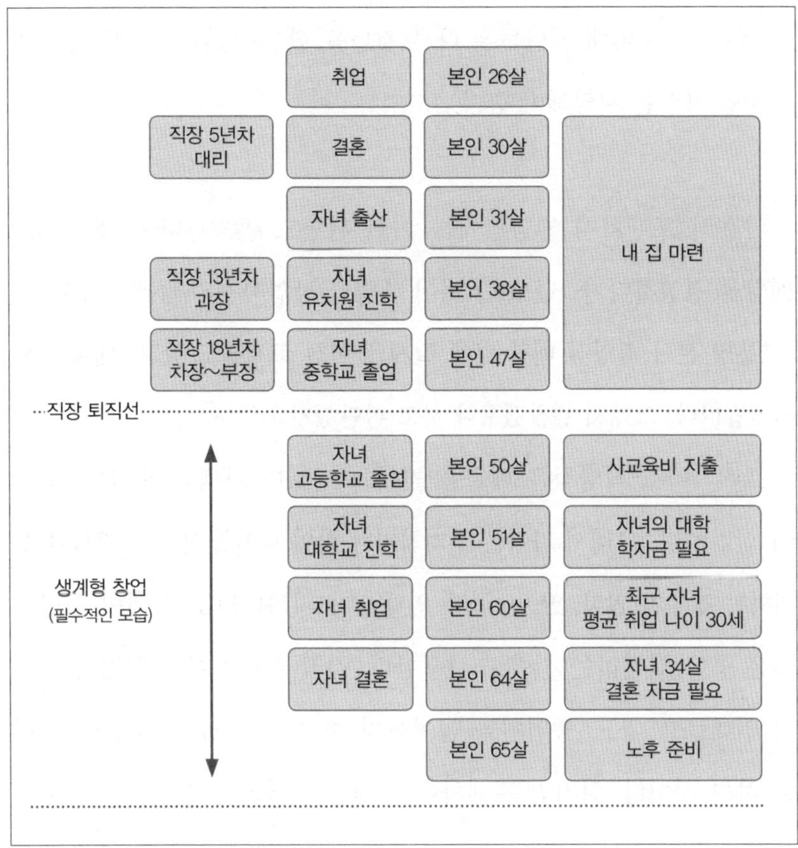

고방식으로 시작한다면 반드시 앞서의 김중배 씨처럼 큰돈을 잃고 망한다. 창업은 단순한 돈벌이가 아니기 때문이다. 전쟁을 시작할 때처럼 '데뽀'를 충실히 준비해야 한다.

아이러니하게도 20대 신규창업자들마저 생계형 창업을 하는 경우가 급속히 늘면서 중장년층의 창업 트렌드를 그대로 쫓아가고 있다. 물론 프랜차이즈 본사 같은 '남'에게서 제공받은 창업 정보·데이터를 그대로 믿거나, 대박을 쫓는 마인드로 창업하면 금방 망하기 마련이다. 특히 20~30대 청년들은 다른 것들을 할 수 있는 기회가 많으니, 생계형 창업은 지양해야 한다.

아울러 프랜차이즈 창업에는 이런 위험도 존재한다. 프랜차이즈 매장을 경영하다가 1년도 안 되어 폐업한 창업자는 이렇게 말했다.

"분명 본사 직영점 매장 앞에 길게 늘어선 고객들도 봤고, 매출도 확인했습니다. 그래서 괜찮겠구나 하고 판단했지요."

프랜차이즈 직영점은 매출을 높이는 것보다 가맹점 유치에 더 많이 신경쓴다. 그래서 **가격을 후려치거나 할인 행사를 벌여 고객들을 유치하는 경우가 많다.** 또한 매장 임대료가 비싸더라도 상권이 상당히 좋은 곳에 입점하는 전략도 사용한다. 결국 프랜차이즈 직영점은 매장 임대료를 내고, 종업원들 급여까지 주고 나면 남는 게 없는 장사를 하는 것이다. 하지만 프랜차이즈 매장을 열려는 창업자에게 이런 사실까지 알려줄 프랜차이즈 본사는 없다. 그래서 창업자는 "나도 성공할 수 있겠구나!"라는 확신을 가지고 프랜차이즈 본사 측에서 내미는 계약서에 도장을 찍기 마련이다.

결국, 실직 같은 막다른 골목에 처한 상태에서 '이것이 마지막'이라는 심정으로 도박을 하듯이 창업을 한다면 앞서 소개한 김중배 씨의 전철을 밟을 뿐이다.

02.

'커피숍에서 창업'은
커피숍 주인만 돈 버는 길

몇 해 전부터 창업지망생들이 "커피숍에서 장사에 대해 기획했다"는 이야기를 많이 한다. 물론 창업 동료들과 함께 전략과 사업 모델을 구축하기 위해서 밤새 커피를 마시며 토론했다는 뜻일 것이다.

"창업은 어쩐지 어렵고 복잡하며, 기술적 테크닉도 있어야 하기에 탄탄한 전략을 마련해야 한다"고 믿는 것도 이런 말이 나오게 된 이유다. 즉, 창업하려는 업계의 '뛰어난 전략가·컨설턴트들'과 함께 커피를 마시며 이야기를 나누면 어쩐지 성공할 수 있는 아이템·전략이 나올 것 같다는 믿음이 있기 때문이다.

그런데 '밤새 짜서 생각해낸 아이템·전략'이라는 것들 중 태반은 결국 '내(우리)가 가진 한계'를 벗어나지 못한다. 걸출한 전략가들이 아무리 머리를 맞대어도 결국 재래시장에서 야채호떡을 파는 아주머니보다 더 좋은 아이템을 만들어내지 못하는 것이 현실이다. 창업지망생들의 '지나치게 창조적인 아이디어'들이 앞서다보니 현실의 창업과는 거리가 멀어지기 때문이다. 특히, 실패한 창업자들은 대개 '너무 앞선 아이템'이나 '우리나라에서는 현실적으로 불가능한 아이템'으로 접근했음을 알 수 있다.

그런데 아직도 젊은 창업자들은 창업이나 장사를 위한 아이템·전략 구상을 학교 과제처럼 여긴다. 즉, 시장이 자신들의 믿음대로, '비즈니스에 빠삭한 지인의 말대로' 움직일 것이라고 믿는 것이다. 이런 창업지망생들에게 저자는 늘 이렇게 충고한다. **커피숍에서 만난 지인이 "좋은 아이템이 있으니 당장 창업하자"고 하면 더 길게 이야기하지 말고 "노No!"라고 대답한 뒤 자리에서 일어나라.**

창업을 하겠다면서 커피숍에 죽치고 앉아 파김치가 될 때까지 떠드는 것은 결코 '실제 창업'으로 이어지지 않는다. 음료수 값만 낭비하거나, "커피 한 잔씩만 시켜놓고 밤새 자리를 잡고 있느라 매장 문도 못 닫게 한다"는 주인 아저씨의 투덜거림만 들을 뿐이다. 커피숍에서의 장시간 창업 관련 토론은 자칫 허황된 생각만 남발하다가 끝날 가능성이 높다.

(1) 재래시장 호떡장수 아주머니에게서 배워라

커피숍에서 창업 전략이나 장사 계획을 짜는 창업지망생들 중 대부분이 "재래시장에서 호떡이나 생선구이, 치킨을 파는 것은 창업이 아니다"라는 생각을 가지고 있다. "고작 그런 일이나 하려고 창업하는 사람도 있습니까?"라고 반문하는 창업지망생도 있다. 그러나 창업이란 '기존의 판매 방식을 익힌 뒤, 새로운 방식(아이디어)을 시도하는 것'이다.

이런 사실을 모르는 창업지망생들은 무작정 '새로운 아이템'에만 관심을 가진다. 하지만 그들이 만든 '혁신적 아이템'은 대개 장기적으로는 유지할 수 없는 것이다. 즉, '새로운 아이템'만 생각하는 창업지망생이나 창업자는 야채호떡의 부드러우면서 짭조름한 감칠맛이나, 치킨 튀김옷의 아삭한 식감을 만들어주는 노하우, 칼로리를 낮출 수 있는 튀김 레시피를 개발할 방안 같은 것을 내놓을 수 없다. 결국 시간과 돈을 낭비할 뿐이다. 차별적 아이템은 '경험'과 '새로운 아이디어'가 결합되어야 만들어진다. 그러니까 온고이지신*인 것이다.

어떤 창업지망생들은 페이스북이나 트위터, 카카오스토리, 블로그 같은 데 소개된 아이템이나 이슈를 예로 들면서 "이런 게 요즘 고객들이 원하는 것" 혹은 "대박이 날 것 같은 아이템"이라고 말한다. 그

---

* 溫故而知新, 기존의 것을 기반으로 새로운 것을 만들어낸다는 뜻이다.

러면서 "이러한 아이템으로 무작정 시장에 뛰어들 생각"이라고 저자에게 털어놓는다. 하지만 저자가 보기에 그런 '정보'는 정작 '예비 고객들'의 실태를 정확하게 분석하지 못한, '일반화의 오류에 빠진 잡설'에 불과하다. 물론 저자의 이런 지적을 잔소리로 치부한 창업자들은 자신이 돈과 노력을 낭비했을 뿐임을 창업 한두 달 만에 깨닫는다.

다시 말하는데, '현실의 창업'은 아이디어 하나만 가지고서 뛰어들기에는 너무도 높은 경지에 있다. 그러니 어디서 어떻게 출발할지를 명확하게 이해하고 준비해야 한다. 즉, 당신은 창업에 대한 모든 것을 처음부터 다시 배워야 한다. 그런데도 **창업지망생들 중 81%가 이렇다 할 창업 교육을 전혀 받지 않고 창업한다. "창업하려는 분야에 관한 경험이나 체계적인 시장 분석 따위는 필요없다. 아이디어·아이템과 열정, 내가 다른 분야의 일을 하면서 장기간 축적한 경험, 적지 않은 자금만 있으면 된다!"고 아직도 확신하고 있는 것이다. 그리고 몇 개월 뒤 땅을 치며 후회한다.**

당신은 당신이 창업하려는 분야에 대해 처음부터 다시 배워야 한다. 즉, 당신이 가지고 있는 지식과 경험 등은 모두 치워버려야 한다. 당신의 나이나 경력은 상관없다. 과거에 입었던 '대기업 과장·부장' 같은 옷은 벗어던져야 한다. 군대 입대 첫날, 훈련소에서 자신이 입고 온 사복을 집으로 보내듯이 말이다. 그렇게 해서 "처음부터 다시 배우겠다!"는 각오를 세웠다면, 〈표1-4〉 그리고 다음 내용에 따라 준비하고 실행하라.

〈표1-4〉 창업의 기본 원칙

창업은 아이디어가 아니라 경험을 기반으로 하는 것이다
다른 창업자 밑에서 일을 배우면서 당신만의 아이디어·전략을 만든다
영업 관련 공부를 최소 하루 1~2시간씩 6개월간 해야 한다
시장이나 마트에서 고객들이 무엇을 구매하는지를 완벽하게 파악하라
당신의 열정과 능력, 자금 중 80%는 창업에 쓰고, 20%는 실패에 대비해 저축한다
주변에 사람이 없거나 인간관계 형성에 소극적이라면 창업은 접어라
'안정'을 원한다면 창업에 절대 뛰어들지 말라

(2) 1단계: 대출을 받을 바에는 밑바닥에서부터

이는 창업 후 '억지로 일하는 굴레'에 들지 않기 위한 조치다. 창업을 한다면 '대출을 받지 않아야' 한다. 대출을 받고 창업한다는 것은, 은행이나 대부업체를 위해 일하는 셈이다. 그러니 대출을 받느니, 차라리 지금 살고 있는 집을 줄여서 자금을 만드는 것이 낫다.

마이너스 대출이나 카드 대출의 이자를 내고 있다면 우선 그것부터 정리하라. 그러지 않고서 창업을 계획한다면 실패 리스크를 안고서 시작하는 셈이다. 창업을 시작할 때는 '(남의 돈을 빌려서라도 번듯하게 시작할 생각하지 말고) 밑바닥에서 시작한다!'는 마음가짐을 품어야 한다.

대출에 따른 채무가 모두 정리되어 당신의 자산 수준이 플러스가 되면 당신이 본질적으로 좋아하는 일, 미래에 해야 할 일이 올바르게 보일 것이다. 당신의 길이 보다 더 정밀하고 자세하게 보일 것이다.

(3) 2단계: 가족의 생활비에 손을 대면 안 된다

일단 반드시 써야 하는 고정비(예를 들면 가족의 생활비)를 5년치를 고려하여 계산하라. 그 과정에서 사교육비 등 줄일 수 있는 비용은 최대한 줄이는 등 '반드시 필요한 최소의 고정비'를 따져야 한다. 정기적으로 납부하는 보험료 등도 가급적 줄여야 한다.

돈은 버는 만큼 쓰기 마련이다. 그러니 앞으로 얼마나 벌어들일지 냉정하게 고려하고, 그 수익 구조에 어떻게 맞춰서 (그러니까 절감하면서) 살 것인지를 계획해야 한다.

이러한 계획을 하는 이유는, 당신의 창업 자금과 당신 가족의 생활비를 분리시켜 리스크를 최소화하기 위해서다. 즉, 당신이 지금 가지고 있는 돈은 창업 자금보다 가족의 미래 생활비로 우선 분류되어야 한다. **창업은 막다른 골목에서 당신의 모든 것을 걸고 마지막으로 하는 도박이 아니기 때문이다.**

(4) 3단계: 일단 남의 밑에서 죽기 살기로 배워라

공부·조사·연구를 함으로써 당신이 좋은 아이템을 발견했다고 하자. 그렇더라도 당장 창업부터 하지 말고 그 분야의 기존 창업자 밑에서, 특히 잘 나가는 매장에서 죽기 살기로 일을 배워야 한다.

당신이 그 아이템 관련 분야에서 확실한 우위를 확보할 수 있다고 확신했더라도, 남의 밑에서 그 일을 배워야 한다. 그러지 않으면 반드시 망한다. 이론과 실전은 다르기 때문이다. 사관학교에서 4년간 전술과 전략을 배우고 임관한 소위가, 일선 부대에서 졸병으로 시작해 여러 해, 심지어 10여 년 이상 짬밥을 먹은 부사관들에게 말조차 함부로 하지 못하는 것도 그 때문이다.

성공한 창업자들도 대개 앞서 성공한 창업자들로부터 일을 배운 사람들이다. 말 그대로 주방 보조로 들어가 주방 관리, 고객 관리까지 배운 사람들이다. 그래서 책임감 있는 프랜차이즈 본사도 새로운 가맹점주의 교육·훈련을 중요하게 여긴다. 심지어 새로운 가맹점주가 교육·훈련을 제대로 이수하지 않으면 계약을 해지하기도 한다.

물론 일을 배우는 기간은 '최대 6개월'로 한정해야 한다. 더 머물러 있으면 어느새 그 생활에 적응이 되고, 그러면 창업지망생의 눈이 아니라 월급쟁이의 눈으로 일을 보기 때문이다. 이 '6개월' 안에 해당 매장의 대표나 고참들에게서 목숨 걸고 배워야 한다. 세상에는 공짜가 없다. 당신의 노력에 따라 결과는 달라진다. 쉽고 빨리 챙기려고 하면 오래갈 수 없다.

일을 배우는 과정에서 대표나 고참들이 하는 일을 꼼꼼하게 파악하라. 손님을 어떻게 대하고, '진상고객' 같은 돌발 상황에 어떻게 대응하는지, 예를 들어 만두전문점이라면 만두피와 만두속의 제조 과정은 물론 만두를 내가거나 포장해주는 과정 등 다양한 일들을 직접 해보면서 배워야 한다. **사람이 바글거리는 곳에는 차별화된 요소가 있기 때문이다.**

(5) 4단계: 이제 무일푼으로 시작하라

당신이 창업하려는 아이템의 성공 요인을 파악했다면 '무일푼으로 시작해야' 한다. (3)에서 말했듯이 가족의 생활비를 마련해야 한다는 리스트를 고려해야 하기 때문이다.

'1년간은 300만 원 정도의 적은 돈만 투자하겠다!'고 생각하고서 진행한다. 음식점이나 카페를 한다면 푸드트럭이나 3~4석 규모의 매장으로, 독서실을 한다면 '개별실' 20~30석 규모로 시작하는 것이다. 그렇게 하면 실패를 하더라도 경제적 손실이 적다.

이런 과정을 여러 번 거치면서 당신이 창업하려는 아이템을 성공시키기 위한 노하우를 발전시켜야 한다. 즉, **첫 창업 그리고 두 번째, 세 번째 창업이 왜 실패했는지를 꼼꼼하게 살펴야 한다.**

⑹ 5단계: 당신만의 메뉴 개발을 반복하고 검증받아라

고객들로부터 인정을 받지 못해 초조한가? 그러면 거리에 나가서 제품·메뉴를 들고 물어보라. 무료로 줘도 된다. 일단 '피드백'을 받아야 하기 때문이다.

그러니까 당신은 고객들로부터 당신의 새로운 제품·메뉴에 대한 의견과 평가를 받아야 한다. 그 피드백 내용이 긍정적이라면 그것을 발판으로 해당 제품·메뉴를 더욱 차별화해야 한다. 물론 부정적이라면 왜, 어떤 문제가 있는지를 분석·반성하고, 필요하다면 처음부터 다시 시작해야 한다.

힘들고 짜증나서 다 관두고 싶다고? 이러한 과정을 1,000번 넘게 반복한 사람도 있다. 더군다나 중년의 나이 때부터 말이다. 바로 KFC의 창업자인 샌더스 대령(Colonel Sanders, 본명 할랜드 데이비드 샌더스)이 그 사람이다. 물론 당신이 샌더스 대령처럼 할 생각이 없다면, 지금이라도 늦지 않았으니 창업을 하겠다는 생각을 접어야 한다.

마침내 고객들의 반응이 뜨겁다고 판단했다면, 이제 당신은 창업 준비의 첫 단계를 완료한 셈이다. 하지만 이 피드백 과정은 적어도 몇 년간 이루어져야 한다. **큰돈을 투자할수록 확실히 검증받아야 한다.**

이 5가지 단계를 수료했으니, 이제 콧노래를 부르며 하산하려는 당신, 당장 멈춰라! 이 5가지 단계는 당신 자신의 창업 경쟁력을 테스트하는 과정, 즉 '첫 단계'였을 뿐이다. 아직도 큰돈을 들여 창업하는 것은 자제해야 한다. 이는 '마라톤 경기에서 실력이 비슷비슷한 선수들이 뛸 때'로 비유할 수 있다. 실력이 비슷비슷한 선수들은 같은 그룹을 짓고서 뛰기 마련이다. 그들은 그렇게 달리면서 '어느 순간에 치고 달려야 할지'를 고심한다.

"큰돈을 들여 번듯하게 창업하겠다!"며 고심하기 시작했다면, 일단 일반화의 오류에서 벗어나야 한다. **누가 대박을 냈고, 누가 엄청난 수익을 벌었다는 겁나 먼 나라의 이야기들은 흘려들어야 한다.** 직접 확인해보지도 않은 '결과들'을 보면서 손가락만 빤다면, 자기 자신의 처지에 실망하여 아무것도 할 수 없다.

03.
'취미'와 '직업'이 동일하기는 어렵다

저자는 창업 자금보다도 창업지망생 자신이 "자신을 제대로 아는가?"가 더 중요하다고 본다. 그러니까 "나는 무엇을 좋아하는가? 나는 무엇을 원하는가?"의 답을 제대로 구해야 한다. 그 답을 구하지 않는다면 아무리 많은 돈을 투자해도 창업에 실패한다. "차라리 그 돈을 은행에 넣어 이자로 먹고 살 걸 그랬다!"는 생각마저 들 것이다.

그러니 창업지망생들이여! 자신이 '무슨 일을 좋아하는지' 생각해보라! 그런 다음에는 '무슨 일을 잘하는지' 생각해보라! 좋아하는데 잘한다? 그렇다면 당신은 당장 창업해도 된다. 그러나 '취미'와 '직업'이 '동일하기'는 어렵다. 직장 생활을 해본 사람들에게는 특히 그렇다.

다시 강조하는데, 좋아하는 일이 곧 수익을 안겨주는 경우는 극히 드물다. 신춘문예 등단 작가들 중 대부분이 시인이나 소설가이면서 직장인인 경우가 많은 것도 이 때문이다. "소설도 쓰는 철도원이 되겠는가? 아니면 철도원 일을 하는 소설가가 되겠는가?"라고 19세기 러시아의 대문호인 안톤 체호프도 소설가지망생들에게 물었다는 것을 보면, 우리만의 고민은 아닌 것 같다.

물론 창업을 한다면 '좋아하는 분야의 일'을 선택해야 한다. '좋아하지 않지만 잘하는 일'로 창업한다? 그래서 창업을 하면 작은 위기가 닥쳤을 때 스스로 매장 문을 접게 된다. 창업을 하면 늘 고비와 위기를 맞이하게 된다. 그럴 때마다 오뚜기처럼 다시 일어설 수 있게 해주는 원동력이 "나는 이 일을 좋아한다! 이 일을 사랑한다!"는 마음가짐이다. 그래서 창업의 첫 번째 전제조건은 '좋아하면서 잘하는 일'을 찾는 것이다.

좋아하는 일을 한다고 해서 돈이 벌리는 것은 아니다. '그 일을 좋아하다 보면 돈도 저절로 모이는 것'이다. 그래서 창업은 돈이라는 씨앗을 심은(투자한) 뒤 그 열매(성과)가 열리는 것을 바라보는 과정과는 다른 것이다. 좋아하는 일을 소소하게 하다 보니, 자연스럽게 커져가는 과정과 연결되는 것이다.

그러니 지금 창업을 준비하는 당신! 당신이 좋아하는 일이 무엇인지 〈표1-5〉에 따라 생각해보시라. 그런 다음 바로 그 '좋아하는 일'에 관한 역량을 적극적으로 개발하라. 제빵·제과, 꽃꽂이, PPT 제작, 강의·프레젠테이션, 글 쓰기 등 좋아하는 분야를 파악하라.

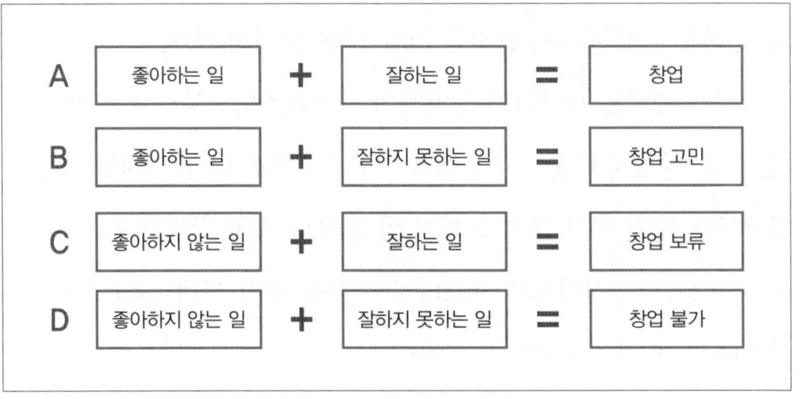

자신이 뭘 좋아하는지 모르겠다면, "그럼 내 성향은 어떤가?"라고 스스로에게 질문해보라. 한국인들의 성향은 대개 보수적, 유행 추구, 현실 타협, 자기중심적, 공동체중심적 등으로 구분된다. 독자 여러분들은 자신이 이중에서 어디에 속하는지 고민해보라. 그런 다음에 그 성향이 당신이 창업하려는 분야와 조화를 이루는지를 검토해보라. 그런 다음에 자신의 SWOT를 분석해봐야 한다. SWOT는 강점(Strength)과 약점(Weakness), 기회(Opportunity)와 위협(Threat)의 머리글자다.

강점과 약점은 자신을 기준으로 작성하는 내부 기준이다. 기회와 위협은 외부 기준이기에 자신을 기준으로 작성하는 것이 아니다. 그러니까 자신의 내적·외적 환경을 분석함으로써 자기 자신을 꼼꼼히 진단해봐야 한다. 하지만 창업지망생들 중 대부분은 '남들이 하는 대로 하는' 편이다. 그래서 저자는 강조한다. "나는 누구인가? 어떤 존재인가? 어떤 환경에 노출되어있는가?"를 SWOT에 따라 세심하게 따져보라고 말이다. 그래야 당신에게 맞는 '성공적인 창업 전략'을 세울 수 있다. 이를 위해 저자가 준비한 〈표1-6〉을 보기 바란다.

자신을 제대로 파악하려면 자신의 라이프스타일부터 고려해야 한다. 사실, 창업에 어울리는 라이프스타일은 따로 있다. 하지만 창업지망생들은 대개 이런 분석을 하지 않다 보니 결국 실패하고, 땅을 치며 후회한다. 당신의 라이프스타일 파악을 돕기 위해 〈표1-7〉을 만들었다. 이 또한 사용해보기 바란다.

〈표1-6〉 SWOT 분석표, "만약 당신이 친환경 농산물 도·소매업을 한다면?"

	강점(Strength)	약점(Weakness)
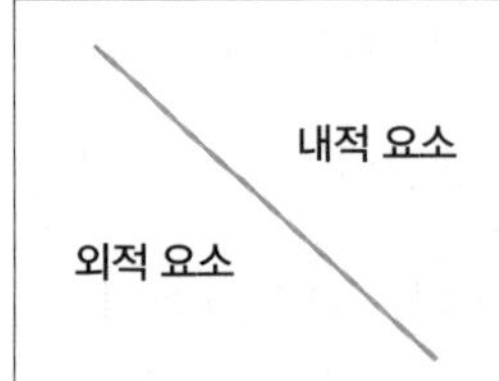 내적 요소 외적 요소	• 대형 마트 근무 경험 • 유통 구조에 대한 이해 풍부 • 거래처들과의 인맥 구축 • 가족이 친환경 농산물을 재배함	• 농산물 재배 역량이 부족함 • 직접 농산물 재배 경험 부족함 • 자금이 충분치 않음 • 건강 때문에 장시간 일을 못함
기회(Opportunity) • 친환경 농산물 선호도가 증가 • 소량 포장 제품 증가 • 친환경 가공제품 증가 • 기존 대비 온라인 유통망 증가	**S+O 전략** 고객들이 원하는 친환경 농산물의 소포장 수요를 찾고, 저장용기의 차별화를 통해 보관이 용이한 포장지를 개발하는 전략 구축	**W+O 전략** 대형 마트 및 온라인 구매자 등과 농산물 재배자를 연결하는 비즈니스모델을 구축(윈-윈Win-Win 전략)
위협(Treat) • 저가격을 내세운 대형 유통점 등장 • 경쟁자들이 친환경 농산물 판매로 전환 • 대기업들의 친환경 농산물 시장 진입 • 수입 농산물 등 급증	**S+T 전략** 기존 유통망에 더해 해외 수출 및 식품 제조사 등까지 포함시켜 유통망을 확장하고, 가격경쟁력을 구축하기 위한 영농조합의 설립 등 관련 전략 구축	**W+T 전략** 거래처들과의 관계를 증대시켜 차별화된 고객맞춤형 친환경 농산물 아이템을 개발

〈표1-7〉 라이프스타일 진단표

라이프스타일 특징	점수				
	7점	5점	3점	1점	0점
(01) 경제적 성공을 중요시한다					
(02) 전통적인 가치를 중요시한다					
(03) 공공의 문제에 무관심한 편이다					
(04) 자신을 드러내는 것을 싫어한다					
(05) 중용적이며 대세를 따르는 편이다					
(06) 개인의 발전이 중요하다고 생각한다					
(07) 여러 사람들과 어울리는 것이 부담스럽다					
(08) 성공하려면 학벌이 중요하다					
(09) 사회 문제에 관심이 많다					
(10) 타인에 대해 무관심하다					
(11) 혼자서 지내는 것이 편하다					
(12) 타인에게서 인정받는 것을 중요하게 여긴다					
(13) 위계질서를 중요하게 여긴다					
(14) 개인적 출세가 중요하지 않다고 본다					
(15) 공동체를 중요시한다					
(16) 늘 조심스럽고 신중한 편이다					
(17) 비싼 만큼 값어치를 한다고 본다					
(18) 함께 나누는 것을 좋아한다					
(19) 현실과 타협하는 편이다					
(20) 권위적인 것을 싫어한다					
(21) 돈을 절약하는 편이다					
(22) 남의 의견에 호응하는 편이다					
(23) 비슷한 사람들과 잘 어울린다					
(24) 유행에 민감하다					
(25) 명품을 좋아한다					

점수 배점 : 매우 그렇다 – 7점, 그렇다 – 5점, 보통이다 – 3점, 그렇지 않다 – 1점, 매우 그렇지 않다 – 0점

점수 배점을 마쳤으면 〈표1-8〉에 넣는다.

<표1-8> 자기 라이프스타일 파악하기

유형	라이프스타일 특징	점수
보수적	(02) 전통적인 가치를 중요시한다	
	(21) 돈을 절약하는 편이다	
	(13) 위계질서를 중요하게 여긴다	
	(01) 경제적 성공을 중요시한다	
	(09) 사회 문제에 관심이 많다	
	소계	
최신 유행 추구	(03) 공공의 문제에 무관심한 편이다	
	(25) 명품을 좋아한다	
	(24) 유행에 민감하다	
	(08) 성공하려면 학벌이 중요하다	
	(17) 비싼 만큼 값어치를 한다고 본다	
	소계	
현실과 타협	(04) 자신을 드러내는 것을 싫어한다	
	(19) 현실과 타협하는 편이다	
	(16) 늘 조심스럽고 신중한 편이다	
	(05) 중용적이며 대세를 따르는 편이다	
	(22) 남의 의견에 호응하는 편이다	
	소계	
자기중심적	(06) 개인의 발전이 중요하다고 생각한다	
	(12) 타인에게서 인정받는 것을 중요하게 여긴다	
	(10) 타인에 대해 무관심하다	
	(11) 혼자서 지내는 것이 편하다	
	(07) 여러 사람들과 어울리는 것이 부담스럽다	
	소계	
공동체중심적	(15) 공동체를 중요시한다	
	(18) 함께 나누는 것을 좋아한다	
	(14) 개인적 출세가 중요하지 않다고 본다	
	(23) 비슷한 사람들과 잘 어울린다	
	(20) 권위적인 것을 싫어한다.	
	소계	
	점수 합계	

'보수적', '최신 유행 추구', '현실과 타협', '자기중심적', '공동체중심적' 등 5가지 라이프스타일 중에서 **가장 많은 점수를 받은 것이 당신의 라이프스타일이다. 또한 점수가 20점 이상인 것도 당신이 그런 성향에 해당할 가능성이 높다는 것을 의미한다.** 이로써 당신은 당신의 '창업 관련 자질'을 분석할 수 있다. 아울러 부족한 영역을 보완해주기 위한 창업 관련 계획도 세울 수 있다.

① '보수적'이라면 전통의상을 제작한다든지, 목공, 역사, 문화 등과 관련된 창업 아이템을 고르는 것이 좋다.

② '자기중심적'이라면 고객을 직접 상대하기가 어려울 수 있다. 하지만 혼자 하는 일에서 역량을 발휘할 수도 있다. 가령, 번역이라든지 콘텐츠 개발 등을 고려할 수 있다. 의류 수선, 판촉물 제작, 목공, 도자기·그림 제작, 작물 재배 등도 고려해볼 수 있다.

③ '최신 유행 추구'라면 민감한 소비 트렌드를 잘 따라갈 수 있다. 그렇다면 직접 고객과 대면하는 판매 부분의 창업 아이템을 고려해볼 수 있다. 의류, 액세서리, 먹거리, 스마트폰 등 고객과 직접 대면하면서 영업할 수 있는 아이템 등이 해당된다.

④ '현실과 타협'이라면 시대에 순응하는 아이템인 세탁소나 학
   원, 독서실, 문방구, 편의점 등 생활 필수 아이템 관련 업종 등
   이 해당된다.

⑤ '공동체중심적'인 아이템은 사회적 참여를 통하여 남에게 베풀
   어 주는 아이템으로서, 어려운 이들에게 저렴한 식사를 제공
   해주는 먹거리 아이템, 장애인들에게 편의를 제공해주는 아이
   템, 저소득층이 좀 더 나은 삶을 누릴 수 있도록 도와주는 아
   이템 등이 해당된다.

물론 어떤 아이템을 선정하든 "내가 좋아하는 일인가?"를 우선적
으로 고려해야 한다. 흥미로운 점은 우리나라 사람들의 라이프스타
일 중에서 '공동체중심적' 성향은 가장 낮은 20% 남짓의 비중을 보인
다는 사실이다.

어떤 라이프스타일이 자신의 성향으로 나오든, 그 성향을 잘 계발
해 '나만의 창업 스타일'을 온전히 완성시켜야 한다. 즉, 자신의 적성
을 확인하고 그것을 따르는 게 좋다. 그래야 막대한 돈과 노력과 시
간을 낭비한 뒤에 땅을 치면서 우는 일이 발생하지 않을 것이다.

04.

창업을 한다면
당신은 절대로 '갑'이 아니다

열정적으로 일하는 대다수 직장인들의 꿈은 50대까지 직장 생활을 하는 것이다. 임원이 되는 것까지 생각하는 이도 있지만, 그런 이는 극소수다. 하지만 요즘에는 입사 동기들은 물론 스펙이 훌륭한 신입 사원들과의 경쟁마저 워낙 치열하다. 그러다 보니 탁월한 외국어 실력은 기본이고, 업무 수행 역량도 남들보다 몇 배는 갖춰야 한다. 그래서 늦어도 40대 후반부터 50대 초반즈음에는 명예퇴직을 하도록 회사 내부에서 강요받게 된다.

물론 40대 후반에서 50대 초반 즈음에 명예퇴직을 한다면 퇴직금도 두둑하게 챙길 수 있다. 어차피 일이 삶의 전부였던 당신, 창업이라도 해보겠다고 생각할 것이다. 꼴 보기 싫던 소인배들이 윗자리에 앉아 거들먹거리던 것을 참아내야 할 필요도 없으니 속도 시원하다. "이젠 내가 사장이다!"라고 당당하게 선언할 수 있는 것이다. 물론 창업을 한 뒤에는 일을 좋아하는 사람만이 그 뒤에 닥칠 시련 속에서도 버틸 수 있으니만치, 이는 창업지망생에게는 장점이다.

그런데 당신이 명예퇴직 후의 창업을 고민하고 있다? 그렇다면 회사에 있을 때 하나라도 미리 준비하면서, 당신이 가져갈 것들도 챙겨야 한다. '회사에서 키보드나 두들기던' 당신이 어느 날 갑자기 창업을 한다고 생각해보라. 앞장들에서 누누이 말했듯이, 당신에게는 창업하려는 분야에 대한 노하우도 지식도 전혀 없을 것이다. 그에 따른 참담한 결과도 이미 말했으니, 여기서는 생략하겠다.

저자는 당신이 회사에 있을 때 당신이 창업하려는 분야와 관련된 것이라면 무엇이든 배워두라고 충고해주겠다. 회사를 관둔 뒤 돈 주고 배우는 것보다, 회사에 있을 때 동료나 후배, 혹은 협력사 직원에게서라도 배워두는 것이다. 이렇게 하면 상대방도 당신에게 '은혜를 베풀어두는' 셈인지라 결과적으로 윈윈한다고 생각하고서 좀 더 잘 가르쳐주려고 하기 마련이다.

종업원은 어떻게 뽑고, 4대 보험은 어떻게 처리하며, 재무와 회계는 어떻게 운영하는지 정도는 회사에서 배울 수 있다. 마케팅은 어떻게 해야 하고, 물류와 구매·주문 등은 어떻게 이루어지는지도 어깨너머로라도 배워두어야 한다. 미리 준비해두는 것과 그렇지 않은 것은 하늘과 땅 차이다.

그러나 만약 한 회사에서 재직한 지 20년 이상이라면 창업은 생각조차 하지 않는 것이 좋다. 그런 분들은 창업하면 무조건 실패한다. 창업은 '할 일이 없어서 하는 것'이 아니기 때문이다. 그리고 그런 분들은 이미 직장 생활에 너무나 길들여졌기 때문이다. 차라리 계속 다른 사람의 밑에서 일하는 것이 가족들은 물론 그 자신을 위해서도 좋다. 이런 사실을 무시한 채 생계형 창업에 뛰어드는 중장년 창업자들 중 대부분이 고통에 시달리고 있다. 그러니 이런 분들은 창업을 목표로하기보다는 자신의 가치를 높일 수 있는 목표를 세우고 제2의 인생을 준비해야 한다. 그러면서 어떻게든 회사에서 버티다가 자연스럽게 은퇴해야 한다. 퇴직 후에도 큰 욕심을 가지지 말고 취미 생활이나 하는 것이 오히려 정신건강에 좋을 것이다.

〈COM 뉴스〉(2015년 7월 6일 자)에서 보도하기를, 최근에 대기업 명함을 버리고 창업을 선택하는 직장인들이 늘어나고 있다고 한다.

그런데 이들의 창업이 성공할 가능성은 얼마나 될까? 아마 이들도 몇 번 고생한 뒤에야 비로소 성공 가능성을 보게 되리라. 직장 생활과 창업은 다르기 때문이다. 회사 같은 조직 내에서는 경쟁력이 있더라도, 막상 독립적으로 행동하게 되면 그렇지 못할 수 있기 때문이다. 더군다나 한 분야에서 10년 넘게 일한 직장인들도 '창업에 쓸만한 자신의 특별한 강점'을 모르는 경우가 많다. '윗선에서 판단·책임져주고, 그로부터 지시를 받아 일하는' 직장의 문화와 업무 방식에 길들여

졌기 때문이다.

그러나 결국 임원이 되지 못하면 명예퇴직을 강요받는 것은 마찬가지다. 어느 네티즌의 자조 섞인 주장처럼 경영계 대학을 졸업했든, 이공계 대학을 졸업했든, 인문계 대학을 졸업했든 '나이 들면 할 수 있는 것은 프랜차이즈 치킨집 창업'인 게 현실이다. 그래서 어느 고위급 공무원은 "수많은 중·장년층 은퇴자들이 잘 알지도 못하는 자영업을 하도록 내몰리게 놔두어선 안 된다"라면서 "은퇴 이후에도 본인들이 잘 아는 분야에 재취업하는 것을 도와야 한다"라고 말했다고 한다.

하지만 직장 생활 경험 중 창업에서 도움이 되는 분야는 대개 '조직 관리' 정도다. 즉, 사람을 어떻게 관리하고, 그의 역량을 확장시켜줄 것인지에 대한 지식과 노하우 정도뿐인 것이다. 그러니 직장 생활 내내 다음과 같은 목표를 따를 것을 권한다.

- 젊을 때 미리 자금 관련 계획을 세우고 노후 준비를 철저히 한다.
- 차장 이상이라면 절대 창업하지 말고 어떻게든 50대까지 버틴다.
- 제2의 인생을 계획하고, 관심 분야에 대해 공부한다.
- 경력과 관련된 일을 지속하기 위한 인맥 형성·관리에 힘쓴다.

물론 창업할 생각이 아직은 없더라도 당신의 보금자리는 회사가 아니라는 사실을 늘 명심해야 한다. 회사는 지금 당장 당신이 필요하기 때문에 월급을 주는 것일 뿐이다. 더 적은 월급을 받으면서 더 많은 일을 해낼 사람을 회사가 발견한다면, 혹은 회사가 경영상의 어려움을 겪는다면 당신은 당장 해고당할 것이다.

그런데도 회사에 있을 때는 마치 자신이 대단한 위치에 있는 양, 그것이 영원할 것인 양 착각한다. 갑의 의식이 머릿속에 가득해서 아랫사람들을 함부로 대하는 등 잘못된 직장 문화에 안주하게 된다. 이는 훗날 퇴직 후 창업에 뛰어들었을 때 치명적인 독이 된다. 그리고 **오늘날 대한민국의 현실은 직장인들에게 아주 냉혹하다. 말 그대로 '중소기업 직장인에게도 한 방, 대기업 직장인에게도 한 방'이다.**

KT는 2014년에 전체 종업원 수의 25%에 해당하는 8,300여 명을 명예퇴직시켰다. 퇴직자들의 평균 연령은 51세였고, 평균 재직기간은 26년이었다. 이들은 퇴직금과 위로금으로 약 2억 원가량을 받았다. 이들 중 일부는 중소기업 등에 경력직으로 재취업했다. 하지만 창업을 준비하는 이들도 많다. 무려 2억 원가량의 현금이 생겼으니, 이를 장사용 자금으로 활용하고 싶을 것이다. 물론 저자라면 어떻게든 재취업을 하는 길을 택하겠다. 수익은 줄더라도 다른 사람 밑에서 일하는 기간을 늘리는 것이 더 현명한 선택이기 때문이다.

그러나 이렇듯 돈이 두둑하게 있다면 딱하게도 프랜차이즈 본사의 유혹을 뿌리치기가 어렵다. 그렇다면 반드시 이거 하나는 기억하라! **당신이 직장을 나온 뒤 바로 프랜차이즈 사업에 뛰어든다면, 그 결과는 그냥 퇴직금만 날리는 것이다.** 당신이 근무했던 회사의 업무와 프랜차이즈 사업의 콘텐츠는 너무도 다르기 때문이다.

만약 프랜차이즈를 정말로 하겠다면 호떡이나 붕어빵 장사라도 몇 번 해본 뒤에 하라고 당부하겠다. '사무실에서 키보드나 두들기던 직장인'은 자신이 상대해야 하는 고객들을 이해할 수도 없고, 자신이 파는 제품에 대한 전문성도 없으며, 고객들을 대하는 마음의 자세도 갖추지 못한 경우가 태반이기 때문이다. 그러니 강인한 훈련과 교육 기간이 필요하다. 무협지에서 무술 대가의 제자가 된 주인공이 여러 해 동안 밥을 짓고 물을 긷는 일부터 하듯이 말이다.

자영업자는 직장인에 비해 결코 많이 벌지 못한다

대기업에 입사한 새내기 직장인 최지원 씨(가명)의 연봉은 대한민국 대기업 대리 초봉 평균인 5400만 원이다. 만약 최지원 씨가 잦은 야근과 회식, 상사들은 물론 선배 직장인의 '쪼임'을 못 이겨 자영업자가 되었다고 해보자.

그렇다면 최지원 씨가 직장인이던 시절과 같은 소득을 올리려면 매년 8억 원의 매출을 올려야 한다. 매월 생활비, 매장 운영비와 월세와 관리비에 더해 세금, 국민연금, 의료보험 등으로 공제되는 비용도 계산해야 하기 때문이다. 결국 최지원 씨는 매월 25일간 꼬박 일하면서 하루에 200만 원 이상의 매출을 올려야 한다. 하지만 방송과 블로거들에 의해 '맛집'으로 소개된 곳들도 하루 200만 원 이상의 매출을 올리기는 어렵다. 이에 대해서는 〈표 1-9〉를 참고하라.

〈표1-9〉 1년에 6억 원의 매출을 올리는 자영업자의 매월 손익 계산서

구 분		금액	비고
매출액		5000만 원	월매출 기준
매출원가		3500만 원	매출의 70%
매출이익		1500만 원	
판매관리비		1000만 원	
	급여	600만 원	3명 X 200만 원
	임대료	300만 원	
	기타운영비(관리비 등 포함)	100만 원	
영업 이익		500만 원	
영업 외 비용(대출 이자 비용 포함)		50만 원	
세전 이익		450만 원	

주의해야 할 점은 〈표1-9〉의 내용이 장사가 아주 잘 될 경우의 추정치라는 사실이다. **결론은 "함부로 창업한다면 기존에 받던 월급의 반도 손에 쥘 수 없다"는 얘기다.**

하지만 이러한 사실에 주의를 기울이지 않고 "걱정마! 난 잘 될 거야!"라고 마음을 먹는다면? 결국 직장을 다니면서 애써 저축했던 돈을 매장 운영 비용으로 다 날리고 말 것이다.

게다가 직장인일 때와 달리 휴일이나 휴가를 챙길 수 없고, 고수익을 올리기 위해 매장에서 직접 일해야 하는 경우도 많다 보니 건강마저 해칠 수도 있다.

어느새 최지원 씨는 집에서 자리보전을 하면서 '차라리 회사 다닐 때가 훨씬 더 나았다'는 생각마저 하게 될 것이다.

철저히 준비하라! 그래도 보장받을 수 없다

아무리 복잡한 문제도 내가 올바르게 본다면
적어도 더 복잡해지지는 않을 것이다.

폴 앤더슨(미국 SF소설 작가)

01.

300만 원으로 못하면
10억 원으로도 못한다

톰 행크스가 주연한 무인도 배경 영화 〈캐스트 어웨이〉의 주인공을 떠올려보자. 그는 무인도를 탈출하기 위해 필사적으로 노력한다. 하지만 무인도 앞의 바다에는 엄청난 파도가 몰아치고 있다. 그래서 주인공은 번번이 그 파도에 밀려 무인도로 되돌아온다. 주인공은 섬에서 빠져나가려면 파도를 이길 수 있는 무언가가 필요다는 것을 깨달았다. 우연히 돛이 될 만한 알루미늄판을 발견한 주인공은 뗏목을 탄 채 거대한 파도를 이김으로써 무인도를 탈출하게 된다. 주인공이 무인도를 탈출할 수 있었던 결정적 계기는 '큰 파도를 이길 수 있는 방법을 찾았기 때문'이었다. 그리고 주인공은 그 방법을 많은 노력과 준비를 기울여 실현시켰다.

창업도 마찬가지다. '강력한 파도'와 같은 핵심 장애 요소를 파악하기 위해 부딪혀보는 과정이 필요하다. 그것은 실패를 몇 차례 거듭해봐야만 깨달을 수 있다. 그러니 조급해하면 안 된다. 하지만 창업자 중 대부분이 그러한 사실을 깨닫기도 전에 포기한다. "돈과 시간, 환경이 뒷받침되지 않았다"면서 말이다. 특히, 핵심 장애 요소를 파악할 때 가장 중요한 것이 '시간'이다. 그러니까 처음부터 돈이 지속적으로 들어가는 구조보다, 오랜 시간에 걸쳐 자신과 자기 콘텐츠의 핵심 경쟁 요소를 찾고 검증하는 과정을 반복해야 한다.

물론 프랜차이즈 기업처럼 남이 만들어준 멋진 배로 '창업'이라는 바다에 나설 수도 있다. 하지만 그럴 경우 항해술을 제대로 익히지 못했기에 곧 난파하기 마련이다. 무슨 일이든 남이 만들어준 매뉴얼만으로는 제대로 할 수 없다. 거대한 파도와 태풍 같은 위기 상황이 이어지는 항해 때와 마찬가지로, 사업 과정에서 첫 위기를 극복했더라도 다음 위기를 못 넘으면 결국 어느 무인도에 좌초하게 된다. 〈캐스트 어웨이〉의 주인공처럼 뗏목 하나로 바다에 나선다고 생각해보라. 육지를 다시 볼 수 있을지, 나를 구조해줄 배를 만날 수 있을지 불안하고 초조하리라. 그 와중에 무인도를 벗어날 때 겪었던 것들보다 더 큰 위기가 찾아올 것이다. 하지만 그런 위기들을 극복한다면 이후에 닥칠 어떠한 시련도 극복할 수 있다. 그런 위기들은 '극복한다면 당신의 경쟁력이 되어줄 요소들'이기 때문이다. 그런 고생과 노력도 하지 않고 창업에 뛰어드는 것은 곧 '돌아올 수 없는 다리'를 건너가는 셈이다.

그렇다. 창업지망생은 생선을 구울 불조차 처음부터 직접 만들어 내야 하던 〈캐스트 어웨이〉의 주인공처럼 아무것도 없는 환경에서 출발해야 한다. 동의할 수 없는가? 그렇다면 왜 요즘 창업한 지 불과 서너 달만에 문을 닫는지 생각해보라. 예를 들어, 요식업 창업으로 최소한 월 300만 원의 순이익을 벌어들이려면 매출을 얼마나 올려야 할까? 각 메뉴에서 제품원가의 비중이 40%, 임대료가 월 80만 원 수준이라고 가정해보자. 그렇다면 매출을 매월 700만 원은 올려야 한다. 지출액은 제품원가 280만 원, 임대료 80만 원, 기타 관리비(전기세와 수도세, 가스비 등) 40만 원으로 산정하면 지출비용은 총 400만 원이다. 이조차 인건비 지출을 막기 위해 종업원 1명 고용하지 않은 '나홀로 창업'을 한 상태라고 가정했을 때 나오는 계산이다.

월 700만 원의 매출을 올리려면 단 하루도 쉬지 않고, 즉 30일 내내 영업하더라도 매일 23만 원의 매출을 올려야 한다. 커피 전문점의 카페라떼 평균 단가가 4,000원 정도라면, 당신의 매장에는 매일 최소 58명의 고객들이 방문해야 된다. **그런데 실제로는 하루 5명도 채 오지 않는 경우가 허다하다.** 물론 장소가 좋아서 60명 이상이 매일 오는 곳도 있다. 하지만 그런 곳은 임대료가 비싸다. 매장을 처음 열 때에는 저렴했던 임대료가, 임대 연장 계약을 할 때에는 건물주가 올리는 경우도 있다. 그래서 임대료조차 낼 수 없어서 폐업하는 경우가 많다. 물론 인테리어 등 시설에 투자한 비용은 포기해야 한다. 중고품을 구매해주는 업자들에게서 의자 하나당 1,000원씩이라도 받을 수 있으면 다행이다. 오히려 철거비용까지 지불해야 할 수도 있다.

물론 처음부터 잘 나갈 수는 없다. 그래서 창업하고 나면 수익을 내기까지 아끼고 또 아껴야 한다. 이 기간이 '죽음의 계곡'이다. 〈캐스트 어웨이〉에 등장하던 '무인도를 둘러싼 거대한 파도'와 같은 것이다. 이 기간을 극복하지 못한 신규창업자들은 결국 폐업한다. 하긴 1억 원 이상 투자한 매장에 손님이 하루에 5명도 없다면 "이러다간 빚을 져가며 장사하겠다!"는 생각에 이어 "과감히 철수하는 게 답이다!"라는 결론을 내리기 마련이다. 결과적으로 '시작하지 않은 것보다 못한' 것이다.

그러니 창업할 때에는 "가급적 많은 것을 갖추고 시작하자!"는 마음을 버려야 한다. '죽음의 계곡'을 극복하려면 '하나하나 갖춰가는 것의 기쁨'을 즐길 줄 알아야 한다. 즉, 당신의 매장을 찾는 고객들이 "어? 어제와는 많이 다른데! 더 좋아진 것 같아!"라는 느낌을 갖게끔 해주어야 한다.

오늘날 세계 120여 개국에 1만 9,000여 개의 매장을 보유한 KFC의 창업자인 샌더스 대령도, 1929년에 미국 켄터키 주의 코빈이라는 마을에서 식탁 1개와 의자 6개의 손바닥만한 음식점으로 KFC를 시작했다. 샌더스 대령도 이러한 첫 창업 후 몇 번 망했고, 그래도 오뚜기처럼 다시 일어났다. 오늘날 KFC가 자랑하는 비장의 양념 공식은 1,000번 이상 거듭된 실패의 결과물이다. **여러분도 이렇듯 "설령 망하더라도 손해를 최소화하겠다!"는 마음가짐으로 아주 작게 창업하고,**

자칫 실패를 하더라도 그 원인과 과정을 계속 연구하여 다음 창업에 반영한다면, 노년에 초거대 프랜차이즈의 오너가 되어있을 것이다.

<그림2-1> 식탁 1개와 의자 6개의 작은 매장을 1만 9,000여 개의 매장을 갖춘 거대 프랜차이즈로 완성시킨 샌더스 대령

사진 제공 : 《미국의 길》 저자 김한훈

처음부터 거창하게?
No! 단계적으로 확장하라

윌리엄 셰익스피어의 희곡인 〈햄릿〉에서 햄릿 왕자는 자기 어머니의 너무 성급한 재혼에 대해 한탄하며 "약한 자여, 그대의 이름은 여자이니라!"라고 했다. 그 이후 "여성들은 약하다"라는 편견을 여성들도 받아들여왔다. 하지만 창업 초기에서의 영업 때 가장 강력한 힘을 발휘하는 사람들은 여성이더라는 공통점이 있다. 왜 그럴까?

창업자든 창업지맹생이든 비즈니스를 하려면 고객의 마음을 헤아릴 줄 알아야 한다. 특히 여성 영업자·창업자·창업지망생은 고객의 마음을 자세히 관찰하고 파악하는 능력이 뛰어나다. 이는 여성에 관한 제품·서비스 아이템이 늘어나면서 더욱 활발히 드러나고 있다. 그러니 남성 창업지망생·창업자도 노련한 여성 영업자·창업자에게서 배워야 한다. 특히 여성의 관심사에 대해 늘 뉴스기사를 통해서든, 지인(가급적 여성)을 통해서든 파악해야 한다.

저자의 남성 지인들도 요즘 〈태양의 후예〉라는 드라마에 관심이 많다. 아내나 여자친구, 심지어 거래처의 여성 고객마저 그 드라마를 보면서 PPL(Product PLacement)로 등장한 제품들에도 관심을 보이기 때문이다. 심지어 밀리터리매니아라며 아내에게 구박을 받던 어느 지인은, 〈태양의 후예〉에 나온 옷이라는 이유로 군복 스타일 옷 입는 것을 허용받았다고 한다. 그래서 군대를 다녀온 남성들은 "허황된 드라마일 뿐이다"라며 무시해온 그 드라마를 어쩔 수 없이 동영상 파일까지 구해서 본다는 것이다. 물론 여성들의 마음을 공략하기 위해서다.

여성들은 아이 양육을 위해 직장 생활을 접는 경우가 많다. 몇 년 전부터 정부가 저출산 대책을 마련해왔지만, 아직도 한국 사회에서는 여성이 직장을 다니면서 아기를 키우기가 사실상 불가능하기 때문이다. 하지만 최근에 여성의 섬세함과 직장인일 때의 노하우, 고객들을 살피는 세심한 영업 스타일에 주목하는 기업이 늘어나고 있다. 그런 기업은 아이들이 어느 정도 자란 뒤 다시 일자리를 찾는 여성을 고용하고 있다. 당연히 직접 창업하고 성공하는 여성도 늘고 있다.

여성 창업자는 섬세하면서도 디테일하게 고객을 설득한다. 고객에게 접근하는 데 있어 여성에게 더 유리한 아이템들도 많다. 중소기업청이 발표한 〈2013년 창업 실태 자료〉에 따르면, 창업자 중 여성이

42%에 달했다고 한다. 또한 여성 CEO의 비중도 37.8%에 달했다. 특히 여성 CEO의 증가 속도가 남성 CEO의 증가 속도보다 두 배나 높았다는 점에 주목해야 한다.

이렇듯 여성 창업이 활발해진 이유는 '적은 자본으로 자신의 취미를 활용하는 창업'이 가능해졌기 때문이다. 예를 들면 제과·제빵, 꽃꽂이, 커피 전문점, 천연 양초·비누, 공예품 제작과 관련 강의 등이 여성이 많이 창업하는 분야다. 그러니까 성공할 가능성이 가장 높고, 안정적인 방식으로 창업할 수 있기 때문이다.

통계청이 2014년에 발표한 자료를 보면 숙박·음식점 창업자 중 60%가 여성이며, 교육·서비스업도 54%, 보건·사회복지 서비스업에서도 여성 창업자가 46%에 달했다. 또한 과거에는 30대 여성이 창업을 주도했지만, 최근에는 40대와 50대 여성들이 주도하는 추세다. 여성 창업자들은 포털사이트의 블로그를 자신의 제품·서비스를 점진적으로 마케팅하기 위한 수단으로 사용하는 경우도 상당하다.

장사를 시작하려는 사람의 창업지망생은 시간적 여유를 가지고 시장을 조사하는 편이다. 또한 아이템을 선정할 때에도 매우 꼼꼼하다. 특히 여성 창업자 중 대부분이 단계별 성장 경로를 거치는 경우가 많다.

현재 서울 강남구에서 유명한 디저트 카페를 운영하는 어느 여성 오너도, 학원에서 제과·제빵을 배우는 것부터 시작했다. 제과·제빵 기술을 상당한 수준으로 익힌 그녀는 아파트 각 동의 게시판에 광고

전단지를 붙이기 시작했다. 자신에게서 제과·제빵을 배울 사람들을 모집한 것이다. 그녀의 실력에 대한 입소문이 온 동네에 퍼지자, 그녀는 아예 1~2평짜리 수제쿠키 전문점을 창업했다. 그 자그마한 수제쿠기 전문점은 차근차근 커져서 지금은 25평짜리 매장이 되었다. 그 뒤 그녀는 무려 3개나 되는 매장의 오너가 되었다. 이 여성 CEO도 창업의 기본 경로를 잘 따른 덕에 성공한 것이다. **그러니까 처음부터 거창하게 시작하기보다, 단계적으로 경험을 밑천 삼아 확장해나가야 성공할 가능성이 높다.**

인테리어 쇼핑몰을 창업한 어느 여성 CEO는 전업주부가 된 뒤 집안을 꾸미는 취미를 가졌다. 그녀는 자신의 취미생활을 더 많은 사람들과 공유하기 위해 포털사이트에 카페를 개설했다. 그 카페에 회원들이 모이자, 그녀는 인테리어 용품을 팔기 시작했다. 그녀는 사업 분야를 '패브릭 원단 판매'로 확장했고, 그 뒤 본격적으로 작은 작업실을 열고 사업을 시작했다. 바로 그 13평짜리 작업실은 10년 뒤 1,000평짜리, 매출 50억 원, 직원 40여 명의 회사로 성장했다. 이 여성 CEO는 자신만의 개성적인 제품을 구입할 이들이 있을 것이라는 확신을 가질 수 있었기에 창업할 수 있었다고 한다. 그래서 그녀는 저자에게 이렇게 말해주었다.

"일단 제품을 만들었다면 길거리에 나가서라도 팔아봐야 합니다. 그럴 용기가 없다면 창업할 생각은 접어야지요."

03.

창업 준비는 10권의
'창업다이어리'로 시작하라

막대한 자금을 가지고 창업해도, '준비 없이 시작한 창업'은 결국 시장에서의 조기 퇴출로 이어진다. 특히, 초보창업자는 자신이 창업한 분야에서 필요한 노하우를 빨리 파악하기 어려워 경쟁력을 신속히 갖추기가 어렵다. 일단, 당신이 어딘가에서 큰돈을 주고 배워온 '비법'도, 이미 다른 사람들도 큰돈을 주고 구입한 것일 수 있다. 그러니까 '아는 사람은 다 아는 것'이니 소용이 없다.

예를 들자면, 자꾸자꾸 먹게 되기에 '마약김밥'으로도 불리는 꼬마김밥은 서울 종로 3가 탑골공원 근처의 한 김밥 파는 포장마차에서 시작되었다. 물론 다른 곳에서도 비슷한 것이 팔렸겠지만, 저자는 2003년경에 그곳에서 처음 봤다. 일본의 마키김밥처럼 단 한 가지 재료만 넣은 엄지손가락만한 꼬마김밥은 맛도 있었지만, 그보다도 바로 옆의 노점들이 떡볶이나 순대와 함께 파는 김밥과는 모양부터가 너무나도 차별화되었다.

이렇듯 노점에서 김밥을 팔더라도 '어쩐지 독특한 맛'이 있어야 한다. 프랜차이즈 분식집에서 파는 것과는 다른, '차별화된 요소'가 있어야 하는 것이다. 그래서 나만의 메뉴를 개발하는 과정이 필요하다. **프랜차이즈 본사 같은 누군가가 '제대로 차려준 밥상'에 숟가락만 놓으려고 하면 큰 손해를 보고 망한다.** 창업의 기본은 고객들에게 조금씩 보여줄 '자신만의 비장의 카드'를 갖추는 것이다. 물론 많은 시행착오와 공부를 해야 한다.

"대학까지 졸업했고, 나이도 먹을 만큼 먹었는데, 뭔 공부란 말인가?"라고 반문하려고 하는가? 하지만 미국에서는 대학생 아들딸이 있는 노년의 개업의들도 의대에 남아 후학들을 가르치고 연구하는 동기들과 계속 교류한다. 새로운 의술을 공부하지 않으면 미국 의료 시장에서 살아남을 수 없기 때문이다.

장사를 시작하려는 사람의 공부는 '창업다이어리'(〈표2-1〉 참조)를 작성하면서 시작된다. 즉, 당신이 창업을 준비하면서 보고 듣고 느낀 점들을 빼곡하게 기록하면서 시작되는 것이다. 창업 준비하면서 일정한 시기마다 당신이 작성한 그 '창업다이어리'를 들춰보라. 그러면 당신이 무엇을 더 잘해야 하는지, 다른 창업자의 실패 요소와 성공 요인이 무엇인지까지 깨닫게 된다.

창업 관련 책을 읽는 것은 공부하는 데 필요한 시간을 절약해줄 뿐이다. 창업에 대한 차별화된 정보·아이디어·노하우는 스스로 파악해야지, 어디에서 제공받을 수 있는 것이 아니기 때문이다. 직접 뛰어다니면서 느끼고 생각한 것들을 '창업다이어리'에 기록한 뒤, 시간이 지난 뒤에 다시 살펴본다면 더 큰 영감과 깨달음도 얻을 수 있다. 예를 들어, 기록을 할 때에는 깊이 생각해보지 않았던 것들에 대해서도, 다이어리의 기록을 살펴보노라면 더 깊이 생각하게 된다. 그러다 보면 해당 사항에 대한 의문점이 생기고, 그에 대한 '대안'을 찾기 마련이다. 이때부터 '성장 가능성이 있는 창업 모델'이 보이기 시작한다. 그러니까 이런 질문들을 스스로에게 하면서 답을 찾게 되는 것이다.

- 잘되는 음식점은 메뉴를 얼마의 주기마다 교체하는가?
- 마케팅은 어떤 식으로 하는가? 예를 들면 전단지, 엘리베이터 내 부착물, 아파트 단지 내 게시판, 파워블로거 고용, 대표나 그 가족이 직접 블로그나 페이스북 등 SNS를 활용하는가?
- 매출이 어느 시간대에 주로 발생하는가?
- 음식의 단가는 어느 정도인가?
- 고객 중 내국인과 외국인의 비중이 어느 정도인가?
- 고객 중 가장 많은 연령대와 가장 적은 연령대는?

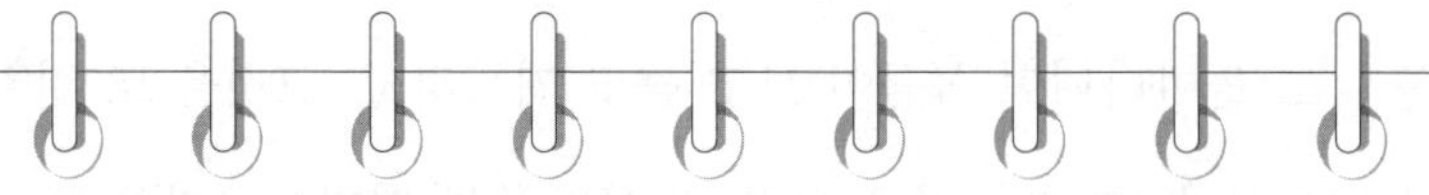

<표2-1> '창업다이어리' 사례

구분	내용
날짜/시간	업체를 방문·조사한 날짜/시간
대표자(창업자)	대표자의 나이, 성향, 학력, 과거 경험 등
현황	직원 수, 매출, 수익 구조, 매장·사무실 현황, 창업 이후 매출의 변화 구조 등
창업 비용	창업 비용과 자금 조달 방법
제품·서비스	다른 매장의 제품·서비스와는 무엇이 어떻게 다른가?
홍보·마케팅 현황	홍보·마케팅 방식을 관찰하고 구체적으로 기록한다. 홍보물이나 전단지 등을 샘플로 확보한다.
고객의 특징	제품·서비스 사용하는 고객들의 특징을 상세하게 분석한다. 주로 어떤 고객들이 이용하는지를 나이, 성별, 직업, 주거지, 학력, 구매 시간대 등에 따라 세분하여 기록한다.
수익모델의 매력 포인트	이 제품·서비스의 향후 수익 포인트와 현재 매력 포인트를 분석하고, 수익 창출의 모델에 어떤 경쟁력이 있는지를 기록한다.
착안점	이 제품·서비스의 차별 포인트를 분석하고, 향후 어떻게 성장할지 기록한다.

이런 사항들을 직접 철저히 파악해야 한다.

잔소리 같겠지만, 창업에 필요한 인프라나 인테리어 같은 프로세스에 대해서는 창업자 자신이 매우 잘 안다. 그렇게 잘 아니까 창업을 하기로 결심한 것이고 말이다. 하지만 그런 창업자가 실패하는 이유 중 대부분은 '고객을 제대로 분석하지 못했기 때문'이다. 고객 분석은 창업 전에 철두철미하게 이루어져야 한다. 물론 분석은 습관화되어야 한다. "대충 보면 파악할 수 있지 않겠어?"라고 생각한다면, 당신은 창업은 물론 분석과 관련된 어떤 일도 안 하는 것이 좋다. '창업다이어리'를 들고 돌아다니며 꼼꼼이 보고 듣고 기록하고, 그것을 또 일일이 분석해야 한다. 그러니 지금 당장, 당신만의 '창업다이어리'를 준비하라. '기록하고 분석하기'는 창업의 성공 가능성을 높여준다.

저자가 '창업다이어리'를 왜 이토록 강조하느냐고? 그저 인터넷 서핑이나 하면서 '아이템'이라는 것만 쳐다보는 창업지망생들을 너무 많이 봤기 때문이다. 그들은 카페에서 친구들을 만나면 "누가 그걸로 얼마를 벌었더라" 같은 이야기만 해댄다. 하지만 기존 시장의 벽을 뚫고 '승리한 창업자'가 되려면 "창업이란 도대체 무엇인가?"부터 학습해야 한다. 아울러 자신이 어떤 노력을 기울여야 하는지도 파악해야 한다.

다시 한번 〈캐스트 어웨이〉의 주인공을 떠올려보자. 만약 당신이 사고를 당해 무인도에 갇혔다면, 당신은 탈출하기 위해 무엇을 하겠는가? 해변에 쭈그리고 앉아 수평선만 쳐다보고 있겠는가? 혹시 배나 비행기가 지나가는 건 아닌가 하면서? 그래서는 늙어 죽을 때까지 그 섬을 벗어날 수 없을 것이다! **당신은 주인공처럼 직접 바다를 접해보고 파도의 높이, 바람의 방향 등을 수시로 체크하고 점검하면서 지식을 얻어야 한다.** 그 지식이 나중에 무인도를 탈출하는 데 밑천이 된다. **'창업다이어리'는 바다를 접해본 결과를 기록하고 분석하기 위한, 창업 성공을 위한 가장 중요한 밑천이다.**

다시 강조하지만 성공하는 창업자는 대개 자기만의 노하우와 비법, 차별점을 가지고 있다. 당연한 얘기지만, 성공하는 창업자는 "몰라! 며느리도 몰라!"라는 말까지 하면서 그런 비법·노하우 공개를 꺼린다. 하루아침에 만들 수 없기 때문이다. 물론 알아낼 방법이 없는 것은 아니다. 그 창업자의 매장에 수백 번이라도 방문하면 된다. 그럼으로써 어떤 부분이 어떻게 잘 이루어지고 있으며, 독특한 특징이 무엇인지를 '창업다이어리'에 기록하고 또 파악해야 한다.

설사 그 창업자가 당신의 노력에 감동하여 당신에게 자신의 자료와 정보를 제공해주더라도, 그것은 '남의 생각'일 뿐이다. 자신이 직접 '창업다이어리'를 들고 돌아다니면서 보고, 듣고, 분석하는 법을 터득해야 창업 이후에도 스스로 경영·기획·생산·마케팅 계획을 세울 줄 아는 창업자가 될 것이다.

만약 당신이 연구 대상으로 삼는 성공한 창업자의 비장의 카드가 보이기 시작한다면, 당신은 이제 하산해도 된다. 그때까지 당신은 계속 '창업다이어리'를 작성하며 관찰하고 분석하고 공부해야 한다. 적어도 1년간 창업 아이템과 창업하려는 분야에 대해 공부해야 한다. 그것을 위해 사용한 '창업다이어리'의 수가 10권은 넘어야 한다.

04.
투잡을 함으로써
경험과 노하우를 쌓는다

"지금 직장을 계속 다닐 수 있을까? 잘린다면 뭘로 먹고 살지?"
현실은 막막한데, 답은 안 보인다. 결국 '창업'을 생각하게 된다.

그런데 저자는 수많은 창업자를 만나봤다. 그중에는 운 좋게도 짧은 기간 안에 성공한 창업자도 있었고, 전 재산을 탕진할 만큼 어려움에 처한 창업자도 있었다. 실패한 분과 상담할 때에는 "이미 엎질러진 물이라 해줄 수 있는 게 없다"는 점 때문에 눈시울이 붉어지기도 했다. 그러면서 창업지망생들이 좀 더 상세히 공부한 뒤 뛰어들었더라면 실패할 가능성이 줄어들었을 것이라는 확신이 생겼다.

가장 큰 문제는 "회사를 그만두면 무엇을 할 것인가? 무엇을 할 수 있을까?"에 대한 답을 올바르게 구하지 못했다는 것이다. 물론 자신에게 맞는 옷은 분명히 있다. 그런 옷을 찾기 위해 '창업다이어리'를 10권이나 써야 하는 것이다. 다시 한번 강조하는데, 딱 좋은 창업 아이템은 운이나 요행으로 구해지는 것이 아니다. 스스로 부단히 노력해야 구할 수 있다. 《신약성경》에 나오는 "찾으라 찾을 것이오, 구하라 구할 것이오, 두드리라 열릴 것이다"라는 말보다 앞서는 조건이 바로 '부단한 노력'인 것이다.

직장을 다니면서 창업을 고려한다면, 당장 해볼 만한 것이 '투잡'이다. IT나 게임 혹은 금형 제작 같은 전문적인 기술과는 관련이 없는, 말 그대로 '키보드 두들기는' 평범한 직장인인 당신이 퇴근 후 앞으로 창업해보려는 분야의 일을 해보는 것이다. 독서실을 인수할 생각이면 독서실 총무를 해보고, 편의점을 해볼 생각이면 편의점 '야간 알바'를 해보고, 분식집을 차릴 생각이면 주방일이든, 테이블 관리든 해보는 것이다. 이렇듯 투잡을 해보면 자신감과 더불어 그 분야에 대한 경험도 쌓인다. 이미 자리를 잡는 데 성공한 창업자의 방향과 요령도 터득함으로써 '창업 인프라'를 구축할 수 있다. 이러한 '수행'을 2~3년간 지속하면 '창업다이어리'를 당신만의 노하우로 채울 수 있다.

한 회사원이 퇴근 후 지인들과 함께 '29초 영화'를 만들었다. 즉, 비슷한 취미를 공유하는 사람들끼리 직접 다 함께 일해본 것이다. 그 결과 영상 콘텐츠 관련 공모전에서 대상을 받았다. 이렇게 준비하는 직장인은 나중에 자신이 해야 할 일에 대한 실행력을 갖출 수 있다.

저자는 창업을 고려한다면 미리미리 준비하는 것이 바람직하다고 조언한다. 그러나 나이가 많으신 분들은 회사 내에서 누려온 기득권을 쉽게 포기하기가 어렵다. 회사를 나가면 지금까지 누리던 모든 것을 잃고, 수준 낮은 대우를 받게 된다는 생각이 들기 마련이다. 그래서 회사를 나가게 될 때를 준비할 용기마저 생기지 않는 것이다.

그러나 5만 원짜리 지폐는 구겨져도 5만 원짜리다. 회사를 나간 뒤 '수준 낮은 대우'와 같은 험난한 길을 경험하더라도, 직장 생활로 축적한 인맥이 다 끊기더라도, 회사에서 10여 년 이상 익힌 업무 능력으로 재기할 수도, 심지어 성공할 수도 있다. 그러니 자신의 경력을 기반으로 삼아 미리미리 전문성을 구축해야 한다.

05.

"차라리 퇴직금을 잘 관리하면서
조용히 사시는 건 어떠세요?"

직장에서 은퇴한 뒤 창업하는 사람 중 대부분은 젊은 창업자보다 경쟁력이 떨어지기 마련이다. 2015년에 국민연금연구원이 발표한 '50대 자영업자 소득 분석'을 살펴보면 이러한 사실을 확인할 수 있다. 즉, 나이가 50대 이상인 자영업자 중 45%는 월 평균 수입이 100만 원도 안 된다. 이렇듯 인생의 마지막 순간까지 오롯이 회사에 바친 뒤 퇴직금을 받아 들고 창업의 길로 들어서는 것은, 평생 밭을 갈았던 소가 도살장으로 끌려가 쇠고기가 되는 것과 같다.

그러니 만약 당신이 직장 생활을 마친 뒤 창업할 생각이라면, 당신이 삶에서 최고 정점을 찍고 있을 때 하는 것이 좋다. 만약 당신이 생각하는 그 정점이 50살이라면 그때 창업해도 된다. 혹시 아는가! 당신도

'한국의 샌더스 대령'이 될 수 있을지도 모른다.

샌더스 대령은 70세가 가까운 나이에 자신이 1,000번에 걸친 실험과 피드백 끝에 개발한 비장의 양념 공식으로 오늘날 KFC라 불리는 굴지의 프랜차이즈를 일구는 데 성공했다. 하지만 정말로 그런 생각을 하고 계신 분들을 만날 때마다 저자는 "차라리 퇴직금을 잘 관리하면서 조용히 사시는 건 어떠세요? 창업 같은 건 생각조차 하지 마시고요!"라고 조언한다. **샌더스 대령과 달리 초인적인 도전정신이나 끈기가 없을 가능성이 높기 때문이다.**

더군다나 회사에서 가장 높은 성과를 올리는 직급은 대개 과장급이다. 가장 열정적으로 일하고, 그래서 성과도 매우 높다. 인맥도 가장 잘 구축한다. 이러한 열정이 50살에도 유지된다면 그에게는 이보다 다행스러운 일도 없을 것이다. 하지만 어느덧 과장으로서의 열정이 식어버린 채, 관리자로만 일해온 50세라면 어떨까? 그런 사람이 창업하는 것은 무모하다.

그래서 저자는 청년들을 만날 때마다 이렇게 조언해준다. "창업을 하겠다면 30살이 되기 전에 결정하라!"고 말이다. 30살을 넘은 뒤에 창업하면 유리한 점이 없다. 그러나 직장 생활을 해왔다면 40살까지 회사를 다니는 것이 좋다. 그러니까 40살 전에는 회사에 머물면서 자신의 전문 분야를 개척해야 한다. 창업의 발판을 마련하려면 적어도 10년간 경험과 노하우를 쌓아야 하기 때문이다.

일반적으로 30~40대가 사회에서 가장 왕성하게 활동할 수 있는 시기다. 이 황금 같은 시기를 '절대로' 그냥 보내면 안 된다. 직장에서 충성을 다함으로써 임원까지 될 것인지, 아니면 '투잡'에 투자해서 창업을 준비할지를 결정해야 한다.

그런데 40살이 되어서도 자신의 진로를 결정하지 못한 채 어영부영 50세가 되는 이들을 많이 봤다. 만약 50세가 되었다면 차라리 회사를 하루라도 더 다닐 수 있도록 전력투구하는 게 낫다. 더 적은 연봉을 주는 곳으로 이직하게 되더라도 말이다. 창업에 대한 생각은 폐기해야 한다. 이 나이에 창업하면 오히려 더 고통스럽다는 사실을 잊어서는 안 된다.

06.

'과거'를 보면 아이템이 보인다

　성공하는 아이템 발굴의 왕도王道는 "내가 고객으로 삼으려는 사람들이 무엇 때문에 불편해하는지, 무엇을 원하는지" 관찰하는 것이다. 그런데 사람들이 원하거나 필요하다고 여기는 것들은 예나 지금이나 대동소이하다. 단지 그 환경에 맞는 혹은 시대가 원하는 '제품으로서의 형태'가 다를 뿐이다.

　예를 들면 고기, 생선, 채소, 과일 같은 음식은 과거에도 먹었고, 지금도 먹고 있으며, 앞으로도 먹을 것이다. 단지 "먹고 싶다"는 욕구를 채워주는 방식만 달라져왔고 또 달라질 것이다. 과거에는 대개 끓이거나 쪄서 혹은 절이거나 생으로 먹었다면, 오늘날에는 튀기거나 구워서 혹은 냉동하거나 동결건조시켜 먹는다. 미래에는 기술의 발전에 따라 또 다른 섭취 방식이 나올 것이다. 그 방식이 바로 '아이템'이다.

아이템을 연구하면서 과거에 어떤 아이템(제품·서비스)이 잘 팔렸는지, 왜 당시 사람들이 그것을 구매했는지 파악해본다면, 요즘 사람들에게도 통하는 '한결 같은 수요'를 볼 수 있다. 특히 요식업계나 패션, 인테리어 같은 소비재 산업계는 트렌드에 민감하다. 심지어 '복고풍'이라고 불리는 과거 회귀 현상도 일어난다. 더군다나 2010년대에 들어선 뒤 저성장에 따른 불황이 지속되면서 "옛날이 더 좋았다!"는 푸념이 널리 퍼지고 있다. 그래서 새로운 아이템보다 과거의 아이템이 더 주목을 받고 있다. 2015년 11월에 처음 방송한 드라마 〈응답하라 1988〉의 인기 비결도 '과거에 대한 대중의 향수'를 노린 덕이 아닌가.

그러니 만약 요식업계에서 창업하고 싶다면 '이제껏 존재한 적이 없는 신메뉴'를 개발하기보다, 예전에 잘 팔렸거나 지금도 잘 팔리는 메뉴에 새로운 요소를 덧붙이는 것이 좋다. 1990년대에 누군가가 프라이드치킨에 매콤달콤한 양념을 도입했듯이, 2000년대에 누군가가 김치볶음밥이나 춘천닭갈비에 모짜렐라치즈를 더했듯이 말이다.

사실, 먹거리 관련 분야는 가장 쉽게 진입할 수 있는 창업 분야다. 하지만 너무 독특하거나 튀는 아이템으로 승부해서는 안 되는 분야이기도 하다. 물론 여러분은 "차별적인 아이디어가 창업의 생명이다"라고 알고 있을 것이다. 하지만 기존 시장의 것들과 아주 차별화된 제품, 예상 고객층이 어리둥절할 아이템은 받아들여지기 어렵다.

구매자는 보수적이다. 즉, 기존의 제품 영역을 절대로 벗어나지 않는다. 그래서 먹거리를 선택하더라도 너무 퓨전적이거나 '듣지도 보지도 못한' 아이템을 선보여서는 안 된다. 그 대신 기존의 것에 새로움을 더하는 전략을, 확장성을 키우는 전략을 사용해야 한다.

그럼 이번에는 '좋은 아이템을 평가하는 기술'에 대해 구체적으로 알아보자.

(1) 아이템 평가·분석하기

당신에게는 창업하려는 아이템이 몇 개 있을 것이다. 그중에는 당신에게 부적절한 아이템도 있을 수 있다. 그래서 저자는 여러분에게 각 아이템들을 객관적으로 평가해볼 수 있는 〈표2-2〉와 〈표2-3〉을 제시하겠다.

〈표2-2〉의 평가 방식은 '매력도'와 '역량'으로 구분하면서 점수를 배분하는 식이다. '시장성'은 시장에 진입할 때 시장 규모가 어느 정도인지를 평가하는 기준이다. 해당 아이템에 관한 시장 자체가 기존에 없었다면 당신이 시장을 개발해야 하고, 그러면 진입 시 소요되는 시간과 노력이 많이 필요하다. '성장성'은 시장의 크기가 얼마나 커지는지를 평가한다. 시장의 성장이 증가되어야만 매력적인 아이템을 완성할 수 있기 때문이다.

<표2-2> 아이템 선정 평가표

구분	매력도			역량			합계
	시장성	성장성	수익성	진입장벽	경험	소요 자금	
치킨	3	3	6	3	1	1	18
떡볶이	3	6	3	6	6	3	27
자전거	1	3	3	3	6	1	17
유기농 전문점	3	1	1	3	6	6	20

점수 : 매우 좋음 6, 좋음 3, 좋지 않음 1

이제 각 아이템에 대한 객관적인 평가 결과가 나왔을 것이다. 그러면 각 아이템의 어느 부분이 취약한지 혹은 우위에 있는지 파악하기 위해 <표2-3>에 다시 점수를 넣어보자. 한눈에 어느 아이템의 어느 영역을 더 개발해야 할지 파악할 수 있다. 즉, 가장 창업하고 싶은 아이템의 매력도와 당신의 관련 역량을 개발할 수도 있고, 진작 접고 다른 길을 갈 수도 있는 것이다.

<표2-3> 개별 아이템 분석표

구분	아이템1						아이템2						아이템3						아이템4					
	6	5	4	3	2	1	6	5	4	3	2	1	6	5	4	3	2	1	6	5	4	3	2	1
시장성		●						●						●									●	
성장성		●						●						●									●	
수익성			●						●							●						●		
진입 장벽				●					●							●					●			
역량				●				●									●				●			
자금 소요						●			●								●			●				

그리고 지금 당신은 〈표2-3〉으로 결과를 확인했을 것이다. 그럼으로써 해당 아이템 관련 창업을 접는 게 낫다는 결과를 확인했다. 그래도 당신은 그 아이템 관련 창업을 하고 싶다? 그렇다면 다음과 같은 사항들을 명심, 또 명심해야 한다.

(2) 잘 나가는 매장과는 경쟁하면 안 된다

샌드위치를 좋아하는 사람들은 샌드위치의 빵이나 속재료, 혹은 이 둘의 조화가 연출하는 맛에 감탄한다. 물론 가격이 싸면서 실속이 있기에 좋아하는 사람도 있다. 우리나라에도 많은 매장을 보유한 미국 샌드위치 전문 체인점 '서브웨이'는 고기를 좋아하는 사람부터 채식주의자까지 만족시킬 수 있는 다양한 메뉴와, 아울러 고객이 직접 빵과 속재료를 선택할 수 있고, 고객의 눈앞에서 바로 만들어 서비스한다는 점을 강점으로 내세운다.

만약 당신이 샌드위치를 아이템으로 창업한다면 서브웨이는 당신의 가장 강력한 경쟁자일 것이다. 그리고 **당신이 서브웨이 샌드위치의 메뉴와 시스템을 능가하는, '차별화된 요소'를 개발하려면 그만큼 많은 노력과 시간을 투입해야 한다. 서브웨이의 창업자가 그랬듯이 말이다.** 물론 해답은 있다. 서브웨이의 개별 매장들이 아직도 고객들을 만족시키지 못하는 영역을 찾아내고, 그 부분을 개발하는 것이다. 즉, 경

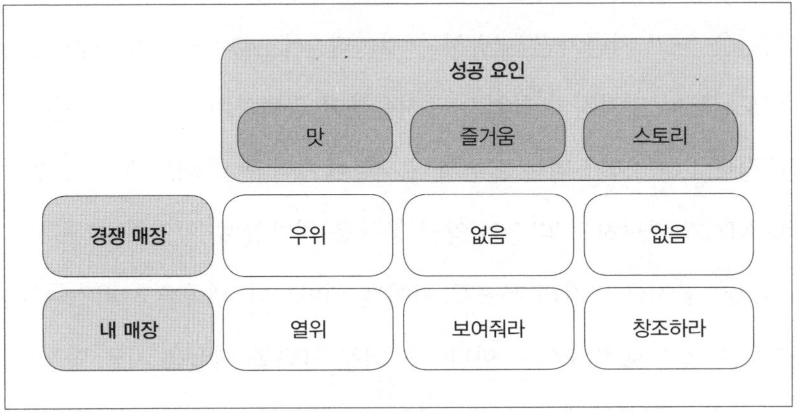

쟁자가 아직 못해낸 것들을 찾아내서 자신의 '차별화된 강점'으로 활용하는 것이다. 〈표2-4〉를 참조하면서 말이다.

결론은 "짧은 시간 내에 제품의 경쟁력으로 승부하기는 어렵다"는 사실이다. 예상 고객들의 의견을 들을 때 아전인수적인 마인드를 철저히 배제하고서, 지속적으로 수렴하면서 당신만의 노하우를 개발해야 하기 때문이다. 물론 서브웨이 본사도 신메뉴와 서비스를 지속적으로 개발할테니, 당신이 주목한 문제도 언젠가는 해결될 것이다. 결국 당신은 아무리 노력과 시간을 들여도 서브웨이를 능가할 수 없는 것이다.

그렇다고 낙심할 필요는 없다. 만약 당신의 제품의 맛(품질)이 경쟁자의 것보다 한참 부족하더라도 그것을 극복하려고 노력할 필요는 없는 것이다. 그냥 "당연한 결과일 뿐이다!"라고 받아들이고 맛(품질)보다 더 차별적인 요소를 발굴하는 것이 더 현명하리라.

사실, 창업지망생에게 가장 많이 필요한 능력은 제품의 경쟁력을 시간을 두고 차근차근 개발하는 것이다. 서브웨이의 창업자는 물론 맥도널드나 버거킹의 창업자도 처음부터 완벽하지는 않았다. 샌더스 대령도 1,000회가 넘는 실험과 고객들에게서 받은 피드백 덕에 오늘날 KFC가 자랑하는 '비장의 양념 공식'을 개발할 수 있었다.

그러니 지금 당장의 목표를 아이템 개발보다 '색다른 서비스·판매 전략 제공'으로 맞추어야 한다. 즉, 너무 완벽한 제품을 지금 당장 만들어낸 뒤 창업해야 한다고 고집할 필요는 없는 것이다. 이를테면 고객들이 자신의 블로그나 페이스북에 올리고 싶도록 '즐거운 경험'을 제공하는 것도 경쟁력이 될 수 있다.

당신이 믿어야 할 건
직감이 아니라 '데이터'

창업 실패의 대표적 요인 중 하나는 '유동인구(잠재고객)를 제대로 파악하지 않고서 매장을 차린 것'이다. 그러니까 가장 기본적인 시장조사조차 하지 않고서 매장을 냈으니 망한 것이다. 아무리 좋은 제품·서비스를 가지고 매장을 열었더라도, 그 매장 주변을 지나다니는 유동인구가 없다면 어떻게 팔겠는가!

하지만 창업지망생들 중 대부분이 그저 부동산 중개업자가 푸근히 웃으면서 말하는 '역세권', '대단위 아파트 단지', '학교들과 학원들이 많은 동네'라는 말에 현혹되고 있다. 해당 지역의 유동인구가 얼마나 되는지를 스스로 파악할 생각은 하지 않고서 말이다. 만약 부동산 중개업자에게만 좋은 일을 하고 싶지 않다면, 당신의 직감 혹은 부동산 중개업자 같은 '다른 이'의 말로 판단해서는 안 된다. **유동인구 수와 같은 측정 가능한 데이터의 결과값을 당신이 직접 구해야 한다.**

제3장에서 말했듯이, 장사를 시작하려고 한다면 일단 '창업다이어리'를 준비해야 한다. 그리고 창업하려는 곳에 가서 얼마나 많은 사람들이 그곳을 지나다니는지 조사해야 한다. 전망이 좋은 카페 같은 곳의 창가에서 거의 하루종일 죽치고 앉은 채 거리를 지켜봐야 한다. 만약 사람들이 많이 지나다닌다면 직접 종이에 표시하기가 어려울 것이다. 그러니 반드시 '카운터기(《그림2-2》 참조)'를 2개 준비한다. 오른손으로는 지나가는 사람을 볼 때마다 한 번씩 카운터기를 누르고, 왼손으로는 남자, 여자, 노인, 젊은이, 학생, 아이 등 자신의 핵심 잠재고객을 구분하기 위해 해당 대상이 지나갈 때 카운터기를 누르는 것이다.

생각해보라! 당신은 지금 젊은이들이 좋아하는 아이템으로 창업할 생각이다. 그런데 유동인구 중에 젊은이들보다 중장년층이 더 많다면 해당 아이템의 판매율이 높을 수 있을까? 유동인구, 그중 특히 잠재고객들의 숫자를 올바르게 파악했더라도, 내가 파는 아이템이 그들을 만족시킬 수 없다면 실패하는 것이 창업이다. 그런데도 유동인구 조사조차 안 했다면 실패해도 싸다. 이에 대해 저자는 제과점을 창업하기 위해 유동인구를 조사한 지인을 소개하겠다.

김은철 씨(가명)는 제과점을 창업하려고 준비 중이다. 그는 일반적인 창업 절차에 따라 부동산 중개업소를 방문했고, 상담을 했다. 중개

업자는 연신 커피와 과자를 권하며 김은철 씨에게 이렇게 말했다.

"그 매장 위치가요, 지하철 ○○역 바로 앞이에요. 매일 아침마다 출근하는 사람들과 등교하는 학생들로 붐비죠. 아, 선생님도 잘 아시겠지만, 일찍 출근하는 사람들이 아침밥 못 먹잖아요. 에들에게 아침밥은 먹이고 학교 보내자는 캠페인도 있던 거 기억하세요? 그러니 여기에 빵집을 여시면 크게 번창하실 거예요, 오호호호호!"

하지만 김은철 씨는 일단 계약을 미루고 저자와 만났다. 저자는 김은철 씨에게 직접 유동인구를 조사해보라고 권했다. 김은철 씨가 유동인구를 조사했더니, 부동산 중개업자의 말과 달리 지하철을 이용하는 사람들 중 직장인과 중고등학생은 생각보다 많지 않았다.

김은철 씨는 시간대에 따라 유동인구를 파악해보기도 했다. 그랬더니 주말에는 지하철을 이용하는 사람이 별로 없다는 점과, 평일 낮 시간대의 유동인구도 많지 않다는 점을 파악했다. 그래서 계약을 하지 않기로 했다.

저자는 김은철 씨에게서 유동인구 파악 자료인 〈표2-5〉를 넘겨받았다. 김은철 씨는 다른 창업지망생들도 자신처럼 주의하기를 바라는 마음에서 이 자료의 공개를 흔쾌히 승인해주었다.

김은철 씨의 유동인구 분석 결과

① 토·일요일은 주 5일제 근무에 따라서 직장인들이 휴무하기 때문에 주말 매출은 기대하기 어렵다.

② 평일 출근 시간대, 점심 시간대, 저녁 시간대 매장 주변의 유동인구 비율이 비슷하다. 그래서 유동인구 중 대부분이 직장인임을 짐작할 수 있다. 부동산 중개업자의 말과 달리, 학생은 거의 없다.

③ ②에 소개한 시간대를 제외한 낮 시간대에는 유동인구가 거의 없다. 즉, 출퇴근 시간대에 유동하는 직장인들을 대상으로 하는 마케팅과 아이템으로 창업한다면 성공이 불가능하지는 않을 것이다. 하지만 제과점은 어렵다고 본다.

④ 매장 주변의 회사들은 수요일마다 정시 퇴근하는 '가정의 날' 시스템을 운영하고 있다. 그래서 저녁 매출을 기대하기가 어렵다.

〈표2-5〉 김은철 씨의 시간대별 유동인구 파악 그래프

단위 : 명

시간/요일	월	화	수	목	금	토	일
8	142	132	154	142	142	21	12
9	132	123	142	132	123	14	13
10	13	11	16	15	22	11	12
11	13	3	5	6	5	2	4
12	34	15	14	18	16	11	13
13	123	143	132	123	213	13	21
14	21	14	22	15	15	4	2
15	12	22	13	14	15	3	12
16	13	13	23	13	15	24	23
17	4	3	4	3	5	23	12
18	14	15	11	24	25	4	13
19	32	35	143	134	123	22	23
20	122	134	25	125	124	22	24
21	24	33	12	45	34	13	23
22	22	24	15	34	56	15	22
23	12	23	12	22	45	12	21
합계	733	743	743	865	978	214	250

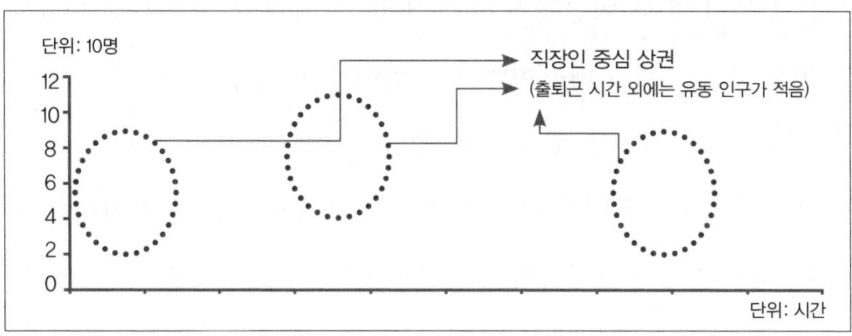

결론 : 이 매장 일대의 상권에서는 평일에 출퇴근하는 직장인들을 상대로 하는 아이템이 적당하다. 평일 낮 시간대와 주말을 대상으로 하는 아이템은 부적합하다.

08.

창업이란 자신이 이미 장사에
성공했음을 확인하는 행위다

영화 〈명량〉에서도 묘사되었듯이, 이순신 장군이 불과 13척의 함선으로 무려 열 배 이상에 달하던 적함들을 무찌를 수 있었던 이유는 '길목을 잘 확보했기 때문'이었다. 창업에서도 '길목'이 중요하다. 특출난 경쟁력을 갖추지 못했을 경우, 짧은 시간 안에 단골고객들을 확보하려면 주고객층이 많이 다니는 등 홍보 효과가 높은 곳에 자리를 잡아야 한다. 그래서 프랜차이즈 창업을 하는 이들은 비싼 권리금과 임대료를 지불하면서까지 '좋은 상권(길목)'에 개점한다.

하지만 대다수 창업지망생들에게는 그만한 자금을 동원할 능력도, 그렇게 좋은 입지를 발견할 수 있는 눈도 없다. 게다가 좋은 상권을 확보했더라도 아직 고객들을 확보하는 노하우가 부족한 초보창업자는 조만간 높은 임대료를 감당하기 어려울 수 있다. 그러니 일단 좋은 길목을 파악하는 법부터 배워야 한다.

일단 저자는 "주고객층 사람들이 많다고 알려진 지역의 노점들을 잘 관찰해보세요. 특히 손님이 끊이지 않는 곳을 말이죠. 그런 다음에 그 일대를 잘 보세요. 그러면 그 노점상인들도 사람들의 동선을 오랫동안 관찰한 끝에 자리를 잡았음을 알 수 있죠"라고 말한다. 즉, '창업 다이어리'를 챙겨들고 오랜 시간을 들여 길목을 하나하나 누벼야 하는 것이다.

저자의 지인 중에 푸드트럭으로 창업해서 짭잘한 수익을 올리는 이가 있다. 그도 "고객 동선만 잘 파악하고 장사를 시작하면 절대 손해보지는 않아요"라고 귀띔해주었다. 그러면서 주고객층이 오가는 길목과 교차점 등을 '창업다이어리'를 들고 다니며 체크하여 현재 장사를 하는 최적의 길목을 찾아냈다고 했다. 그 지인이 말해준 '푸드트럭 등 노점상을 위한 좋은 길목을 발굴하는 방법'은 다음과 같다.

① 사람들이 오가는 교차점 중에서 ㄱ 자나 ㄴ 자 지점이 최적이다.
② 패스트푸드점, 커피전문점 옆이 좋다. 이미 햄버거나 커피 등을 구매했기에 다른 것도 구매할 마음이 들기 때문이다.
③ 지하철역의 바로 앞쪽보다는 '조금 나온 앞부분'이 좋은 길목이다. 역에서 나온 직후에는 자신이 가려는 방향을 우선적으로 파악하려고 하기 때문이다.

④ 대로변의 주차할 수 있는 곳도 좋다. 도로 옆에 주차가 가능하니 푸드트럭이나 노점의 제품을 구매할 수 있기 때문이다.

그 지인은 **선승구전**先勝求戰**의 원리, 즉 "전쟁이란 자신이 이미 이긴 것을 확인하는 행위다"라는 손자의 말을 되새겨보라고 했다.** 그러니까 내가 창업하려는 아이템 관련 시장에 들어가기 전에, 잠재적 경쟁자들을 미리 제압할 수단(제품·서비스·노하우 등)을 마련하라는 뜻이다.

그런데 이미 Part 1에서도 말했듯이 대한민국에서 소자본 창업 분야는 과포화되어있다. 특히 그 주류는 직장에서 떠밀려 나오는 50대 중장년층이다. 더군다나 청년 창업지망생들까지 생계를 위해 장사하는 방향으로 눈을 돌리고 있다. 이런 이들을 프랜차이즈 본사들도 매의 눈으로 노리면서 판촉전을 벌이고 있다. 결국 자신이 구상한 대로 창업을 하든, 프랜차이즈 창업을 하든 한번에 수천만 원의 돈을 들이다 보니 무슨 수로든 그 돈을 회수해야겠다는 생각에 어쩔 수 없이 적자와 고생을 감내하면서 매장을 유지하는 사람들이 많다. 마치 임진왜란이나 태평양전쟁 때의 일본군처럼 도저히 승산이 보이지 않는, 하지만 항복 선언을 하기는 싫은 전쟁을 하고 있는 셈이다.

"그렇다면 창업지망생이 싸움도 하기 전에 이길 수 있는 비결은 무엇입니까?"라고 저자가 그 지인에게 물었더니, 이런 답을 들었다. 《손자병법》에는 '승리하는 군대'의 특징 5가지가 나와있다는 것이다.

① 승리하는 군대는 병사(종업원)들과 장수(사장)가 같은 꿈을 꾼다.

② 준비 없는 자는 준비된 자를 이길 수 없다.

③ "우리가 맞설 수 있는 자들인가?"를 검토한다.

④ 뛰어난 인력들을 데려올 수 있는 조직관리자가 있다.

⑤ 장군(사장)이 왕(투자자, 동업자 등)의 간섭을 받지 않는다.

그러니까 그 지인의 말은 이렇게 정리할 수 있으니, 장사를 하려는 분들은 명심하기 바란다.

① 기존 제품보다 원가를 훨씬 더 줄인다.

② 당신 제품의 장점이 고객들에게 확실하게 어필되도록 홍보·마케팅 방안을 마련한다.

③ 품질(예를 들면 '맛'이나 '서비스' 등)에서의 우위를 확보한다.

100번 말해도 잔소리일 수 없는
'장소의 중요성'

생필품이나 먹거리 아이템 관련 창업을 한다면, 사람들의 왕래가 많은 시장의 양쪽 끝 지점이 최적의 길목이다. 그래서 분식집이나 편의점 등은 대개 시장의 시작과 끝 지점에 자리를 잡고 있다. 특히 시장의 입구 쪽은 많이 붐비기 때문에 특별한 아이템을 선보일 수 있는 기회도 가질 수 있다.

좋은 예가 바로 포항의 죽도시장 입구다. 그곳에서는 청년 2명이 호떡을 판다. 1명은 굽고, 다른 1명은 포장한다. 이들의 호떡은 평일에도 줄을 서지 않으면 먹을 수 없을 정도로 매력적인 '씨앗호떡'과 '치즈호떡'이다. 아울러 이들의 호떡 얘기를 접한 젊은이들이 시장을 방문한 뒤 그 후기를 블로그와 SNS 등에 올려서 유명세가 더해지고 있다. 그런데 만약에 이 두 청년이 평범한 거리에서 호떡 사업을 했다면 어땠을까? 아마 한 달도 안 되어 서로를 탓하며 장사를 접었을 것이다.

바로 앞장에서도 이야기했듯이, 창업을 하려는 사람이라면 마땅히 '장소'에 많은 주의를 기울여야 한다. 그럼 이번에는 장소를 선정하는 노하우를 이야기하겠다.

(1) 신도시에서는 '길 옆 주차'가 가능한 지역을

인프라가 아직 충분히 갖춰지지 않은 신도시에서는 외지인들은 물론 주민들의 이동에도 자가용이 많이 사용된다. 그래서 입지 조건이 가장 좋은 매장 자리는 주차가 가능한 곳이다.

하지만 신도시에서 오픈하는 프랜차이즈 매장들은 대개 교차로의 사각 지역에 자리를 잡는다. 이런 곳이 사람들이 많이 붐빈다고 판단하기 때문이다. 그런데 이런 곳은 자가용으로 접근하기 어렵기 때문에 고객들은 비교적 먼 곳에 주차한 뒤 걸어와야 한다. 결국 매장의 임대료와 프랜차이즈 본사에 납부해야 하는 가맹비를 마련할 수 있을 정도로 매출을 올리지 못하다 보니 문을 닫는 경우가 많다.

저자의 지인 한 분이 2015년경 경기도 북부 어느 신도시의 상가 지역에 프랜차이즈 헤어샵을 오픈했다. 그런데 다른 헤어샵도 상가

지역에서 조금 벗어난 곳에 오픈했다(〈그림2-3〉 참조). 물론 지인분은 입지를 중요한 오픈 기준으로 평가하는 프랜차이즈 본사 측의 이야기를 듣고 상당히 높은 매출을 올릴 것이라고 기대했다. 하지만 지인분의 헤어샵에는 고객이 별로 들지 않았다. 오히려 경쟁 헤어샵이 늘 고객으로 붐볐다. 저자는 그 이유가 바로 '자가용의 접근성'임을 파악했다. 상가 밀집 지역에는 자가용이 주차하기는커녕 들어가기도 어렵기에 고객들이 발길을 돌린 것이다.

이렇듯 헤어샵, 스마트폰 전문점, 안경점, 학원처럼 고객의 방문이 자주 일어나지 않는 편인 아이템으로 신도시에서 창업한다면, 상권이 형성된 중심지로 초기부터 무리를 하면서 들어갈 필요가 없다. 차라리 저 경쟁 헤어샵처럼 길 옆 주차가 가능한 지역에 자리를 잡는 것이 낫다.

(2) 60번 이상 방문해야 상권이 보인다

장사를 하려고 한다면 자신이 자리를 잡으려는 상권을 100번 이상 방문해야 한다. 그러니까 '내가 기획한 아이템(제품·서비스)이 팔릴 만한 곳인지 아닌지'를 깨닫게 될 때까지 방문해야 한다는 뜻이다. 이렇게 하면 매장의 입지를 잘못 선택하여 실패자가 되는 낭패는 면할 수 있다.

방문을 계속하면 창업지망생의 눈에는 어느새 고객층의 동선, 잘

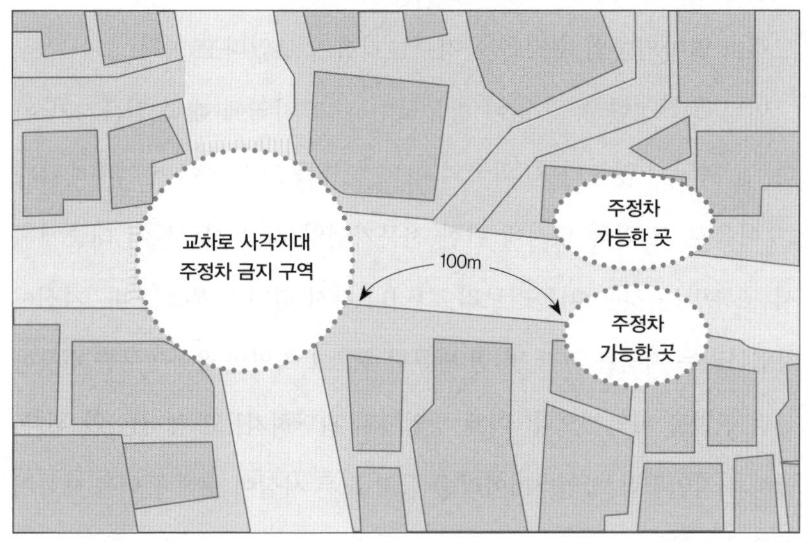

되는 매장과 안 되는 매장, 고객층이 주로 구매하거나 이용하는 제품·서비스가 자연스럽게 들어온다. 저자의 지인도 이런 식으로 했더니 어느날 문득 "보인다! 내게도 상권이 보여!"라고 마치 도를 닦은 사람처럼 외쳤다. 그 지인은 구체적으로 이렇게 말했다.

10번쯤 방문했을 때 고객층이 확연히 보였고, 20번쯤 방문했을 때 그 지역의 상권이 눈에 들어왔다고 한다. 30번쯤 방문했을 때 매출을 발생시키는 주요 고객들의 특징과 나이, 연령대, 직업 등이 눈에 들어왔다고 한다. 40번쯤 방문했을 때 매장을 방문하는 고객들이 그 매장의 단골고객인지, 왜 방문했는지까지 보였다고 한다. 50번쯤 방문하니, 안 되는 매장들의 문제점마저 보이기 시작했다. 60번쯤 방문하자 각 매장의 매출을 대강 파악할 수 있었으며, 매출원가도 짐작할 수 있었다고 한다. 그 이후에는 제품의 원재료를 언제 주문했는지, 각 고객이 얼마만큼의 수익을 올려주는지까지 보였다고 한다.

이렇듯 특정한 곳을 많이 방문할수록 그 지역에 대한 전문가가 된다. 잘 와닿지 않는다면, 외국의 어느 도시를 고작 3~4번 여행해봤다는 이유로 그 외국 도시에 관한 전문가인양 하는 사람들이 대중에게서 조롱받는 것을 떠올려보라. 그러니 다시 한번 당부하는 바, 자신이 창업하려는 지역을 고작 몇 번 방문한 뒤 "그 지역의 유동인구를 비롯한 상권 전반을 파악했으니, 이제 창업할지 판단하자!"고 해서는 안 된다. 앞서의 지인처럼 '창업다이어리'를 들고 모든 사실이 눈에 들어올 때까지 방문해야 한다.

(3) '안 되는 매장'을 살리려면 적어도 2년이 필요하다

김철규 씨(가명)는 10년 전에 김밥집을 창업했다. 허름한 매장에서 시작한 김철규 씨의 김밥집은 입소문이 나면서 동네에서 꽤나 유명해졌다. KFC의 창업자인 샌더스 대령을 롤모델로 삼고 있던 김철규 씨는, 작은 치킨집 1개로 시작한 샌더스 대령처럼 차근차근 시세를 확장하려는 꿈을 실현하기 위해 신도시 지역에 2호점을 내기로 마음먹었다. 한참을 알아본 끝에 아파트 입구 쪽에 위치한 빈 매장을 계약하기로 했다. 그런데 부동산 중개업자의 말이 기가 막혔다.

"거긴 뭘 해도 안 되는 곳이라 빈 자리인 거예요. 아, 사장님도 꼼꼼하게 조사하셨다시피 유동인구야 있지요. 하지만 만두, 피자, 떡볶이, 꽃매장, 중국집, 슈퍼마켓 등 뭘 오픈해도 1년도 못 갔어요."

그래도 김철규 씨는 자신의 김밥집은 절대 망하지 않을 것이라는 확신을 가지고 계약을 체결했다. 하지만 김철규 씨도 예외가 아니었다. 오픈 6개월 만에 두손두발을 다 들고 만 것이다. 물론 유동인구가 있으니 초기에는 잘 되는듯 싶었다. 그러나 매상은 생각만큼 나오지 않았다. 김철규 씨는 이 매장을 자신의 김밥 기술을 익힌 후배에게 넘겼다.

그런데 후배의 김밥집은 시간이 지날수록 매상이 점점 늘어났다. 2년 만에 다시 방문한 김철규 씨는 후배의 김밥집 내부가 고객들로 바글바글한 것을 보고 놀랐다. 도대체 무슨 마법을 쓴 거냐고 물었더니, 후배의 대답이 이러했다.

"별 거 없었어요. 지나다니는 사람들에게 시식을 권한 것뿐이에요. 사실, 이 자리의 입지가 나쁘지는 않더라고요. 하지만 고객들을 모으는 유인 효과가 낮았던 거지요. 그래서 마누라랑 함께 김밥집 앞에서 6개월간 지속적으로 시식 행사를 펼쳤더니, 아 이렇게 되더라고요. 한번 먹어보신 분들이 맛있다며 계속 방문해주셨거든요. 다른 분들도 데리고 오고요. 블로그나 SNS에 올리는 분도 있더라고요."

후배는 여기서 멈추지 않고 더 많은 것을 기획했다. 그 일환으로 김밥 메뉴를 차별화했다. 그는 일단 '건강'을 내세우는 프랜차이즈 죽

집의 메뉴를 벤치마킹하여 단호박김밥, 전복김밥, 잣김밥 등도 선보였다. 그랬더니 놀라울 정도로 많은 고객들이 이어졌다. 후배는 김밥집 경영에 '재미'도 더했다. 김밥집 벽에 다양한 사진들과 글들을 붙이고, 학생들에게는 특별할인도 해주었다고 한다.

"입지가 좋으니까 고객들이 저절로 찾아올 것이다!"라고 생각하면서 매장을 오픈하면 안 된다. 매장을 오픈한 뒤에도 홍보·마케팅 활동을 지속적으로 진행해야 한다. 내 매장 앞을 지나가는 '고객들'을 유인해야 하는 것이다.

사실, '안 되는 매장'의 가장 큰 문제는 매장 주인이 고객들과 소통을 안 하려고 하는 것이다. 그리고 한 번 찾은 고객이 다시 찾을 때까지 느긋이 기다리는 마음이 없는 것이다.

"지난 6개월간 장사를 해봤는데, 매상이 이 모양이네. 에잇, 접어버리자!"라는 식이라면 결코 성공할 수 없다. '안 되는 매장'을 '잘 되는 매장'으로 만들려면 적어도 2년이 필요하다. 그 2년 동안 김철규 씨의 후배처럼 홍보·마케팅으로 고객들을 유인하고, 그들과 계속 소통하면서 매장의 인테리어와 메뉴 등을 개선해나가야 한다.

사실, '안 되는 매장' 주변의 고객들은 지속적으로 새로운 매장이 그 자리에 생기더라도 "한번 가볼까?" 하고 마음을 먹은 순간 그 매장이 없어지는 경험을 계속 해왔다. 그러니 또 새로운 매장이 생겨도 '이번에는 얼마나 갈까?'라고 생각할 뿐, 한번 방문해볼 생각을 도무지 안 하기 마련이다.

그러니까 '안 되는 매장'의 문제는 아이템이나 입지가 아니라, 매장 주인의 자세인 것이다. "2년 정도의 시간을 두고 차근차근 성장시킨다"는 마음가짐을 품고 오픈해야 하는 것이다. 만약 그렇듯 여유로운 마인드가 없다면 절대 거들떠도 봐서는 안 되는 곳이 바로 '안 되는 매장'인 것이다.

10.
영업 권리금, 시설 권리금, 바닥 권리금

기존 매장을 인수할 때에는 그 매장의 상태에 따라 기존 창업자에게 권리금을 지불한다. 만약 매장의 경영 상황이 좋다면 기존 창업자는 높은 권리금을 받을 수 있다. 그래서 기존 창업자 중에는 경영이 어렵던 매장을 거의 '공짜'나 다름 없는 권리금을 주고 인수한 뒤, 잘 관리한 다음 신규창업자에게 높은 권리금을 받고 넘기기도 한다. 이러한 권리금은 다음과 같이 3가지로 분류할 수 있다.

① 영업 권리금

일반적으로 1년마다 발생하는 순이익을 기준으로 평가한다. 한 달 순이익이 500만 원이면, 12개월치인 6000만 원을 권리금으로 책정하는 식이다. 매장의 기존 시설, 비품, 기존 임차인(창업자)의 영업 노하우를 사들이는 돈이기도 하다. 그러나 영업 권리금은 매출액을 기준으로 정해지기에 정확한 증빙 자료나 매출 관련 자료를 확인해야 한다.

② 시설 권리금

기존 임차인이 상가나 매장을 오픈할 때 투자한 비용이다. 일반적으로 감가상각을 하기 때문에 적절한 수준인지 파악해야 한다. 1년에 30% 수준씩 감가상각이 이루어지기 때문에 정확한 비용을 산정하려면 매장이 얼마나 오래되었는지를 명확히 파악해야 한다. 시설 권리금은 문을 연 지 3년이 지난 매장에는 적용되지 않는다.

③ 바닥 권리금

매장의 위치에 따라서 형성되기에 '자릿세'라고 불린다. 영업 권리금이 매출과 이익을 중심으로 현재를 기준으로 하여 요구된다면, 바닥 권리금은 자리의 위치가 미래의 매출을 발생시킬 것이라는 가정을 기준으로 요구된다. 그러나 신규 입지 지역에서는 미래에 매출이 얼마나 발생할지를 가정하기 힘들다. 그렇기 때문에 지금 요구받은 바닥 권리금이 적절한 수준인지를 직접 상세히 파악해야 한다.

사실, 장사가 잘 안 되는 듯한 소규모 매장을 인수하더라도 권리금은 줘야 한다. 물론 요구받은 권리금이 적정한지를 명확히 판단하려면 그 매장에 고객들이 얼마나 방문하는지, 주변에 혐오시설이 있는지, 매장 내외부 시설 등에 문제는 없는지 등을 직접 점검해야 한다.

그리고 권리금은 미래를 예측한 내용에 따라 제시되는 금액이니, 지나치게 높은 권리금을 요구받는다면 그 매장을 인수하는 것을 포기하는 것이 좋다. 매장에 따라서는 주인이 바뀌면 단골손님의 발길도 덩달아 끊어지는 경우도 많고, 매장 주변의 환경이 어떻게 바뀔지를 예측하기란 당신이 예언자가 아닌 한 불가능하기 때문이다.

저자의 지인인 이인임 씨(가명)는 권리금 1000만 원을 주고 독서실을 인수했다. 그러나 그 다음 달 바로 옆 건물에 에어로빅 피트니스 센터가 입주했다. 결국 소음 때문에 장기 이용객들이 거의 모두 떠나 큰 손해를 봤다. 또 다른 지인인 고혜림 씨(가명)는 2016년 2월경 노량진 학원가에 적잖은 권리금을 지불하고서 5평짜리 샌드위치 전문점을 인수했다. 학원들이 밀집된 지역은 권리금이 비싼 편이라는 것을 잘 알기에 각오는 했었다고 한다. 하지만 유동인구가 워낙 많으니 한 달 정도 뒤면 권리금을 회수할 수 있으리라 판단했다. 그런데 보름 뒤 그 일대에서 가장 큰 학원이 이전한다는 소식을 들었다. 기가 막히게도 고혜림 씨에게 샌드위치 전문점을 이전한 사람은 이미 그 계획을 알고 있었다고 한다.

이런 내용에 대해 좀 더 상세히 이야기하겠다.

(1) 창업은 임대료와 권리금의 싸움

창업 후에는 대개 어느 정도 이익을 보기 마련이다. 그런데 임대료와 관리비, 종업원들 월급과 원재료비 등 들어가는 비용을 감당하지 못해서 폐점하는 경우가 빈번하다. 심지어 높은 순이익을 보더라도 지나치게 높아진 임대료 때문에 매장을 접는 경우도 있다.

예를 들어, 개인병원을 창업한 의사는 이익을 계산할 때 환자수를 파악하기 마련이다. 저자의 친구이기도 한 의사 정종부 씨(가명)는 2015년 초 분당에 이비인후과를 개업했다. 정종부 씨가 순수익을 보려면 매일 60여 명을 진료해야 했다. 월세만으로도 500만 원이나 지출되었기 때문이다. 역세권에는 작은 매장을 오픈해도 매월 수백만 원 이상을 월세로 지출해야 할 수도 있다. 즉, 내 건강을 해쳐가며 장사해도 결국 건물주의 지갑만 두툼하게 만들어주는 셈이다.

창업 시에 지불한 권리금도 대출이나 융자로 마련한 것이라면 이 또한 매월 갚아야 하는 이자와 함께 당신의 등짝을 짓누를 것이다. 그러니 앞서 말했듯이 그만한 권리금을 지불할 가치가 있는가를 세심하게 파악해야 한다. 더군다나 '좋은 입지'에 막대한 권리금을 지불하고 오픈해도 그 '좋은 입지'가 하루아침에 재개발 지역에 편입되거나, 경매에 의해 건물주가 바뀌는 경우도 있다. 그렇게 되면 매장을 철수하도록 요구를 받기 마련이니, 손해가 이만저만이 아닐 것이다.

⑵ 수완 좋은 부동산 중개업자와 친하게 지내자

부동산 시장에 매물로 나온 매장들 중 대부분은 '장사가 안 되서 권리금이라도 되찾고 싶기에 내놓은' 경우다. 하지만 부동산 중개업자들은 좀 더 수월하게 거래해 빨리 중개수수료를 받을 수 있는 '영업이 잘 되는 매장'을 선호하기 마련이다. 그래서 '영업이 잘되는 매장'에 접근해 권리금을 흥정한다.

물론 '영업이 잘 되는 매장'의 창업자는 권리금을 높게 부르기 마련이다. 하지만 수완이 좋은 부동산 중개업자는 "아휴, 뭐니뭐니해도 매장 거래 성사가 우선이잖아요, 사장님! 매장을 이렇게 키우느라 고생하셨으니 어서 쉬셔야죠! 안 그러면 암 생겨요!" 하면서 권리금을 낮추는 경우가 많다. 즉, 부동산 중개업자가 거래 성사의 키를 잡고 권리금을 조정하는 것이다.

그런데 **장사가 잘 될 때 높은 권리금을 받고 매장을 처분한 뒤 잠시 쉬거나 다른 사업을 하려는 창업자도 적지 않다. 수완이 좋은 부동산 중개업자를 통해 이들과 잘 연결된다면 좋은 매장을 의외로 저렴한 권리금으로 인수할 수도 있다.** 결국 부동산 중개업자들과 평소에 좋은 관계를 맺을 필요가 있는 것이다. 내 매장을 좋은 가격에 처분하기 위해서라도, 혹은 다른 이의 매장을 저렴하게 확보하기 위해서라도 말이다.

(3) 정부에서 '대출'을 받을 수 있다?

　정부로부터 창업 자금을 지원받을 수 있는 창구도 다양하다. 중소기업청이 운영하는 포털사이트인 'K-스타트업(http://www.k-startup.go.kr)'이라든가, 소상공인시장진흥공단이 운영하는 '소상공인포털(http://www.sbiz.or.kr/sup/main.do)' 등에서 요구하는 형식에 맞춰 사업계획안 등 구비서류를 제출하면 대출이나 융자를 받지 않고도 창업 자금 문제를 해결할 수 있다. 정부에서 제공받을 수 있는 자금은 금리가 낮아서 창업 후 운영 자금을 따로 확보할 수 있는 지름길도 된다. 하지만 이 또한 결국 갚아야 할 돈이니, 늘 한 푼이라도 아껴야 한다는 생각을 품어야 한다.

11.
오픈하기 전에
완벽하게 점검, 또 점검!

창업 준비를 마쳤다면 이제 주고객층에게서 직접 아이템에 대한 평가를 받아야 한다. 그러니까 음식점을 한다면 시식 요청을 함으로써 맛을 평가받아야 한다. 그래야 오픈 후에 따르는 리스크를 최소화할 수 있다. 물론 이것은 아이템 개발 때 등 최대한 일찌감치 할 수 있으면 더욱 좋다.

'곧 오픈합니다'라는 메시지와 함께 매장의 이름과 연락처, 블로그, SNS 주소 등을 적은 현수막을 걸어두는 전략도 좋다. 이런 현수막은 화려하게 만들기보다 가급적 흰 바탕에 검은색 글자로 단순화하는 것이 좋다. 매장 주변을 지나다니는 사람들은 "도대체 이번엔 뭐가 들어올까?" 궁금해서 현수막에 적힌 블로그와 SNS를 검색해볼 것이다.

또한 정식 오픈 전에 '가오픈'을 하여 주고객층으로부터 피드백을 받아두는 것도 좋다. 그러니까 고쳐야 할 점, 제품·서비스에 대한 인상 등을 확보해 미리미리 수정해두어야 한다. '신장개업'한 곳에 찾아온 고객들은 한번 불만족스러우면 다시는 오지 않는다. 그러니 만약 피드백의 내용이 예상보다 신통치 않다면 오픈 일자를 미루고 문제점을 전격적으로 개선해야 한다. 그러면서 다음과 같은 사항을 꼭 주의해야 한다.

(1) 홍보·마케팅을 대행해주겠다는
　사람을 믿으면 안 된다

오픈 뒤 손님이 오지 않다 보면 어느새 초조해질 것이다. 바로 이럴 때 "광고·홍보·마케팅 도와드리겠습니다"라면서 나타나는 이들이 있기 마련이다. 자기네 회사에 최소 30~40만 원만 주면 '손님 몰이'를 해주겠다는 식이다.

이런 이들의 손을 잡으면 '알토란 같은 내 돈'만 날릴 뿐이니 절대로 응하지 않는 게 좋다. 차라리 도를 닦겠다는 심정으로, 조용한 낚시터에서 붕어를 낚겠다는 심정으로 기다려야 한다. 그래도 영 손님이 없다면 "내 매장·아이템에 심각한 문제가 있는 것은 아닌가?" 진지하게 고민해야 한다.

하지만 대개 오픈 직후 3개월은 무척 바쁘게 흐른다. 바쁘면 바쁜 대로, 손님이 없으면 "왜 손님이 없지?"라는 생각에 매장·제품·서비스의 문제점을 찾고 개선하느라 바쁘다. 그래서 창업 초기에는 체력적·정신적으로 아주 쉽게 지치기 마련이다.

특히 요식업은 손님이 많아도 수익이 나기 시작하려면 많은 시간이 흘러야 한다. 아이템에 따라서는 '몇 년'이 걸리는 경우도 있다. 그러니 더더욱 완벽하게 준비해야 한다.

(2) 성장도, 성공도 종업원들과 함께!

요식업은 노점으로 시작해도 크게 성공할 수 있는 분야다. 그 성공 요인이 아이디어이기 때문이다. 이 말인 즉, 새로운 컨셉과 트렌드를 결합시켜 차별화해야 한다는 것이다.

요식업계의 트렌드는 상당히 빨리 변한다. 한 예로 양조위와 서기가 주연한 홍콩 영화 〈서울공략〉에서 2000년대 초중반 서울의 대표적 요식업 트렌드로 소개된 조개구이집은 거의 모두 사라지지 않았는가. 그러니 당장의 상황만 보고 아이템을 기획하면 망하기 쉽다. 그럼 이쯤에서 저자의 지인이기도 한 정수종 씨(가명)의 사례를 보자.

정수종 씨는 이탈리아로 배낭여행을 갔다가 아주 기이한 디자인과 맛의 파스타에 반했다. 그래서 그 매장의 오너 겸 셰프에게 사정하여 그곳에서 일하면서 파스타 레시피를 배운 뒤 귀국하여 창업했다. 정수종 씨의 파스타는 스승의 것 못지 않게 모양이 특이했고 맛도 상당히 깊었다. 마침 한국에서도 파스타 열풍이 몰아치던 때라 정수종 씨는 상당한 자신감을 가졌다.

그런데 실패하고 말았다. 그 오리지널 파스타는 미국에서 변형된 이탈리아 요리 레시피에 길들여진 일반적인 한국인들의 입에 맞지 않았던 것이다. 게다가 파스타 열풍도 어느덧 차갑게 식었다. 결국 정수종 씨는 창업을 준비하면서 대출받은 돈을 갚지 못해 가압류에 시달리는 등 고통을 겪었다.

정수종 씨는 그 후 아르바이트를 하면서도 창업의 꿈을 접지 않았다. 귀가 후에는 자신만의 파스타 메뉴 연구에 열중했다. 그렇게 6개월간 연구한 끝에 작은 매장을 다시 창업했다. 초반에는 손님이 드물었지만 차츰차츰 그의 파스타를 알아주는 고객들이 생겼다. 오늘날 정수종 씨의 파스타 전문점은 '줄서서 먹는 명소'가 되었다. 그런데 정수종 씨는 지금도 그 당시를 회상하면 아찔하다고 말한다. 그래서 신 메뉴 개발을 위한 연구를 계속하고 있다.

하지만 정수종 씨는 자신이 재기할 수 있었던 요인이 따로 있다고 말한다. 즉, 그의 이탈리아인 스승의 가르침이기도 한, "장사하는 사람은 자신의 종업원들과 함께 성장해야 한다"는 마인드 덕분이었다는 것이다. 그러니까 종업원들이 "일하면서 성장하고 싶다"고 생각하게 되는 공간으로 만들어주기 위해 매장 주인도 노력해야 성공할 수 있다는 것이다. 그렇지 않으면 매장 주인은 열심히 일하는데, 종업원들은 딴짓을 하거나 게으름을 피우는 경우마저 왕왕 발생하기 마련이다. 그리고 정수종 씨는 **"매장에서 벌어들이는 수입이 모두 매장 주인 것이라고 여기면 그 누구도 함께하려고 하지 않을 겁니다"**라는 말도 덧붙였다.

창업 초기 상황은 영화 〈캐스트 어웨이〉에서 무인도에 갇힌 주인공의 상황과 같다. 혼자 힘으로는 절대 헤쳐나갈 수 없는 거친 파도가 무인도 주변을 흐르는 것이다. 하지만 여러 사람이 노를 젓는 보트를 만들 수 있다면 그 파도를 돌파할 수 있지 않겠는가! 하지만 무인도를 빠져나가더라도 자신에게 돌아올 이익이 없다면, 함께 있는 사람들은 그 무인도에 그냥 머물려고 할 것이다. 그러니 창업자는 수익을 종업원들에게 올바르게 배분해주어야 한다. 그래야 종업원들도 매장 주인과 함께하겠다는 마음을 가질 것이기 때문이다.

'온라인쇼핑몰'과 '음식점' 창업 절차

(1) 온라인쇼핑몰

현재 포화 상태인 온라인쇼핑몰 분야에 당신도 기어코 진입하려는가?

그렇다면 당신이 팔려는 제품을 확보하는 방법과 재고 처리 방법 같은 노하우를 익혀야 한다. 이는 직접 다른 온라인쇼핑몰에 취업하여 배우는 것이 최선이다.

그 다음에는 크게 아이템 선정, 상품 입수, 온라인쇼핑몰 구축, 사업자 등록 및 통신판매업자 신고, PG(전자통합결제) 사 선택 및 전자 결제 시스템 가입, 홍보·운영 같은 과정을 거치게 된다. 상세한 내용은 다음과 같다.

① 아이템 선정

아이템에 따라 홈페이지(온라인쇼핑몰)의 내용과 컨셉이 달라지니 매우 중요한 과정이다.

오유나 씨(가명)는 임산부용품을 아이템으로 하는 온라인쇼핑몰을 운영하여 큰 성과를 올렸다. 임산부는 입을 만한 옷의 종류가 많지 않아 늘 고민하는 편이다. 그래서 오유나 씨는 예쁜 옷들을 다양하게 입수하여 많은 고객들을 확보했다.

최소영 씨(가명)는 여자아이만을 위한 쇼핑몰을 운영했다. 여자아이들은 옷 투정이 심하다는 것을 잘 알던 최소영 씨는, 예상했던 것 이상의 성과를 올렸다. 매일 아침마다 딸과 옷 때문에 전쟁을 벌이는 엄마들이 단골고객이었던 것이다.

이렇듯 온라인쇼핑몰 아이템의 핵심은 "사람들이 무엇을 절실히 원하는가(필요하다고 느끼는가)?"를 파악하는 것이다.

② 상품 입수

아이템을 정했으면 상품을 확보해야 한다. 상품 확보는 대개 동대문 도매시장이나 온라인 도매시장에서 이루어진다. 물론 ①에 따라 주고객층의 수요 등을 미리 조사해두는 것이 현명하다.

저자의 지인 중에는 새벽에 열리는 도매시장을 찾아가 1가지 옷을 2~3벌 정도씩 구매하는 식으로 총 50~60벌 정도를 구매한다. 너무 많은 옷을 일시에 구매하면 재고 처리가 힘들 수 있다고 한다. 그러니 온라인쇼핑몰 오픈 초기에는 조금씩 자주 입수하는 편이 적당하다.

③ 온라인쇼핑몰 구축

직접 구축하기보다는 업체를 통해 구축하는 것이 낫다. 홈페이지 구축에 시간을 너무 많이 소비할 수도 있는데다, 디자인이 전문 웹디자이너의 것보다 떨어질 수밖에 없기 때문이다.

저자의 지인은 임대형 솔루션 온라인쇼핑몰에서 저렴한 홈페이지를 찾아서 구축하는 것을 권했다. 이런 사이트에서는 별도의 디자인을 구매할 수도 있으니, 자신이 지향하는 컨셉과 맞는 온라인쇼핑몰도 쉽고 빠르게 구축할 수 있다고 한다.

④ 사업자 등록 및 통신판매업자 신고

관할 세무서에 '사업자등록증'을 신청하면 바로 발급받을 수 있다. 통신판매업자 신고는 각 시·군·구청의 지역경제과에 신청하면 된다. 물론 통신판매업자 신고를 해야 사업자등록증이 나오는 것은 아니다. 하지만 일반과세자의 경우 통신판매업자 신고를 해야만 사업자등록증을 발급받을 수 있다.

⑤ PG 및 전자 결제 시스템 가입

온라인쇼핑몰을 운영하려면 전자 결제 시스템이 필요하니 PG(전자통합결제) 시스템에 가입해야 한다. PG는 작은 쇼핑몰 업체들이 카드사와 가맹 계약을 맺기 힘들다보니 결제를 대행해주는 업체다. 그러니까 PG 사는 결제 대행 서비스인 것이다.

PG 가입 비용은 보통 20여만 원 수준이며, 카드 수수료는 3.5~3.8%(부가세 별도) 수준이다(PG 사에 따라 다르게 책정될 수 있다). 대표적인 PG 사로는 KG 이니시스, KCP, 나이스페이 등이며, 연회비 등 약관을 검토해본 뒤 가입하면 된다.

⑥ 홍보·운영

초기 홍보비 지출 부담이 크기에 포털사이트의 블로그나 구글 같은 검색 전문 사이트 등에서 무료로 홍보할 수 있는 공간을 찾아보는 것이 좋다. 기존에 운영하는 블로그나 인터넷 카페가 있다면, 혹은 지인 중에 영향력 있는 블로거(소위 '파워블로거')가 있다면 적절한 대가를 지불하면서라도 연계하는 것이 좋다.

(2) 음식점

음식점 창업에 대해서는 이미 다른 장에서 많이 다루었으니, 여기서는 행정적 절차를 중심으로 간략히 정리하겠다.

① 매장 선정 및 계약 – 요식업 관련 식약청 등의 허가 사항 파악

② 매장 컨셉 설정 후 공사 – 인테리어·내부·주방 공사, 간판 제작 등
③ 영업 전에 한국요식업중앙회에서 '위생교육이수증'을 발급받음

④ 건강진단서 발급 – 보건소에서 진행(사진 2장 및 주민등록증 지참)

⑤ 영업허가증 발급 – 구청 위생과에서 발급하며, 신규 허가일 경우 15일 이내에 발급. 구청 위생과 출석 시 준비물은 아래와 같음
  - 위생교육이수증 1부
  - 제조·가공하려는 식품 및 식품첨가물의 종류, 제조 방법 등에 대한 설명서 1부
  - 시설사용계약서 1부
  - 먹는물 수질검사기관이 발행한 수질검사(시험) 성적서 1부
  - 유선 또는 도선 사업 면허증 또는 신고필증 1부
  - 소방본부장 또는 소방서장이 발행한 '안전시설 등 완비 증명서' 1부
  - 건강진단결과서 1부

⑥ 기존 음식점을 권리금을 지불하고서 승계했을 경우, 영업자 지위 승계 신고를 하며, 그에 대한 준비물은 아래와 같음
  - 영업허가증, 영업신고증 또는 영업등록증 1부
  - 권리의 이전을 증명하는 서류
  - (양도받았을 경우) 양도·양수를 증명할 수 있는 서류 사본 1부
  - 위생교육이수증
  - 건강진단결과서
  - 주민등록증이나 운전면허증 등 신분증명서
  - 화재배상책임보험에 가입하였음을 증명하는 서류

⑦ 사업자등록 신청 – 음식점을 오픈한 곳의 관할 세무서에서 발급
  - 임대차계약서 및 영업신고증(위생교육이수증을 받아야 발급받을 수 있음)

- 보건증 및 신분증

⑧ 인프라 준비
  - 인터넷, 팩스, 전화, 신용카드 결제 거래처 등 확보
  - 유니폼, 명함, 비품(조리도구와 테이블, 의자 등) 구입

⑨ 종업원 채용 및 재료 구매처 확보

⑩ 오픈 행사 준비 - 전단지 제작 및 오픈일 행사 계획 등
  - 전단지는 인쇄하는 물량이 많을수록 1장당 가격이 더욱 저렴해지니,
    전단지를 대량 인쇄하기 전에 디자인과 마무리(오탈자 수정 및 부적절한
    표현 제거 등)에 많은 신경을 써야 함

Part

3

창조하기보다 '있는 걸' 팔아라

좋게 만들 수 없다면, '좋아 보이게'라도 만들어라.
빌 게이츠(마이크로소프트의 회장 겸 기술고문)

01.

저렴하지, 품질 좋지, 왜 안 팔리지?

'가격 파괴 아이템'이라는 표시는 '폐업 처분, ○일까지 땡처리' 현수막과 함께 상가 거리에서 많이 보인다. 물론 젊은이들이 선호하는 아이템에 대한 가격 파괴는 분명한 경쟁력 요소다. 예를 들면, 서울 건대 입구의 '케이크를 부탁해' 같은 매장은 케이크 하나를 1만 원에 판매하고 있다. 프랜차이즈 빵집들에서 케이크 하나를 대개 2~3만 원 정도에 판매하는 것에 비하면 상당히 파격적이다.

이 매장의 케이크는 워낙 다양하고 맛도 일품이라서 많은 젊은 고객들의 사랑을 받고 있다. 특히 바나나케이크, 당근케이크, 딸기케이크 등의 인기는 매장의 천장을 찌를 정도로 높다. 즉, 이러한 인기 아이템들은 "초기에 시장을 공략하려면 가격 파괴도 중요하지만, 차별화된 아이템을 내세워야 한다"는 것을 보여준다.

건대 입구는 젊은이들이 많은 상권이다. 그래서 어떤 아이템이 주목을 받으면 입소문에 의해 다른 매장으로 아주 빨리 퍼져나간다. 그래서 품질, 가격, 독특함과 기발함으로 젊은이들의 관심을 받기 시작하면 순식간에 대박을 터뜨릴 수 있다.

젊은이들이 특히 좋아하는 과일케이크를 프랜차이즈 빵집의 케이크보다 3분의 1 이상 저렴하게 판매하는 '케이크를 부탁해'의 전략은, 이러한 환경을 적절하게 파악하고서 내놓은 모범적인 전략이다. 그러니까 '케이크를 부탁해'의 창업자는 과일케이크라는 특정 아이템을 선별한 뒤, 젊은이들이라는 목표 고객들의 취향에 맞춰 개성을 살리는 '차별화와 세분화'에 성공한 것이다.

생과일 주스 전문 프랜차이즈인 '쥬시'에서는 생과일 주스 하나를 2,000~3,000원대로 판매한다. 다른 매장의 절반 이하 가격이다. 맛이나 양도 상당히 뛰어나다. 그러니까, 테이블과 의자를 배제하고 테이크아웃만 함으로써 가격 파괴에 성공해 성장하고 있다. 제품명들도 독특하다. 자파(자몽&파인애플), 오파(오렌지&파인애플), 키바(키위&바나나) 같은 식이다. 그 덕에 젊은이들 사이에서 인기 프랜차이즈로 자리매김을 하고 있다.

아울러 '쥬시'의 모회사는 우리나라 최대의 과일 수입 업체다. 즉, 원재료의 대량 수급이 가능하다보니 제품의 품질을 높게 유지하면서 가격을 내릴 수 있는 것이다. 그렇다면 자금이 한정된 개인 창업자들이 '쥬시'의 가격 파괴를 따라하기는 어려울 것이다.

　이러한 2가지 가격 파괴 사례를 보면서 손가락을 빨 필요는 없다. 시장은 변화무쌍하기 때문이다. 더군다나 지금 당장 매장 앞에 손님들이 줄을 서있더라도, 그것이 곧 매출로 이어지는 것도 아니다. 제품 원가와 서비스를 제공하는 종업원들의 급료 등을 빼면 정작 매장 주인장에게는 종업원들 급료보다 더 적은 돈만 남을 수도 있다.

　가격 파괴 전략을 쓰려면 상당히 많은 시간을 들여 상권을 분석하고, 목표 고객들의 유형도 파악해야 한다. 예를 들면, 중국음식점을 하더라도 상권에 따라 탕수육, 짜장면, 볶음밥 중 하나가 특별히 많이 팔리기 마련이다. 그래서 다양한 중국요리들을 취급하기보다, 그 상권의 사람들이 가장 많이 찾는 한두 메뉴만 높은 품질을 유지하면서 저렴하게 취급하는 '전문점'을 차리면 대박을 낼 수 있다. **물론 이런 전문점은 짧은 시간 안에 고객들을 많이 확보해야 한다. 말 그대로 '박리다매**薄利多賣 **전략'을 세워야 한다.**

　Part 1에서 설명했듯이, 프랜차이즈 가맹점으로 창업하겠다면 해당 시장이 성장하는 시기에 진입했다가 어느 정도 성숙했을 때 나오는 전략을 활용해야만 한다. 그러니까 이익을 많이 볼 조짐이 보일 때 진입했다가, 어느 정도 무르익으면 다른 창업지망생에게 권리금을 받고 넘겨야 한다(이를 '권리금 장사'라고 한다). 그 전에 아이템 선별 역량을 키우고, 목표 고객들에 대한 분석도 '창업다이어리' 10권을 쓸 정도로 해야 한다. 기존에 팔리던 아이템에 대한 가격 파괴 전략으로는 결코 이익을 오래 창출할 수 없기 때문이다(그래서 기존의 매장을 다른 창업지망생에게 권리금을 받고 넘기는 것을 '폭탄 돌리기'라고 부르기도 한다. 언제 유행이나 취향이 바뀌면서 고객들이 사라질지 모르기 때문이다).

가격 파괴 아이템의 또 다른 약점은 제품군이 제한적이고, 제품의 유행 기간이 매우 짧다는 점이다. 그래서 유행이 지기 시작하면 매출도 급속히 줄어든다. 이에 대한 대책은 해당 제품의 가격과 품질을 고객들이 "파격적이다!", "손해보면서 파는 거 아닌가?", "정말 착한 가격!"이라고 인식하도록 만들어야 한다는 점이다. 즉, 가격을 가급적 낮추면서 품질은 월등히 높여야 한다.

아울러 해당 제품을 선호하면서도 가격에는 민감한 고객들을 판매 대상으로 삼아야 한다. 그래서 가격 파괴 아이템에 대한 고객 분석은 철저하게 이루어져야 한다. 물론 "가격이 저렴하면서 품질이 좋으면 고객들은 무조건 찾아오기 마련이다!"라는 생각은 휴지통에 던져야 한다.

02.

외모와 성향이 아이템을 결정한다

대학교에서 관광학을 전공한 박길동 씨(가명)는, 졸업 후 테마 여행사를 창업했다. 그런데 박길동 씨는 꼼꼼한데다 내성적인 편이다. 그래서 고객과 상담할 때마다 초기에 퇴짜를 맞는 경우가 많았다.

박길동 씨는 자신이 고객과 직접 대면하는 영업에 취약하다는 사실을 깨달았다. 그래서 블로그와 SNS를 활용하는 온라인 영업 방식을 도입했다. 그랬더니 "온라인상에서 아주 꼼꼼하게 여행 프로그램을 소개한다"는 소문이 파워블로거들과 여행 관련 인터넷 카페들을 통해 퍼지면서 매출이 급속히 오르기 시작했다.

그런데 당신은 박길동 씨처럼 인터넷상에서 영업할 자신이 없기에 고객을 직접 상대해야 하는가? 그렇다면 매력적인 표정을 짓도록 이미지 관리부터 해야 한다.

많은 창업자들이 뛰어난 역량을 갖췄는데도 실패하는 이유는, 고객들과 만나는 과정에서 실수하는 경우가 적지 않기 때문이다. 이를 보완하려면 자신의 성격 등을 체계적으로 분석해야 한다. 특히 창업 지망생들은 자신이 어떤 유형의 사람인지 분석한 뒤, 박길동 씨의 인터넷 활용 사례처럼 자신에게 맞는 창업 아이템을 찾고 스타일과 시스템을 구축해야 한다.

타인이 말조차 걸기 어려운 스타일이거나, 험상궂은 외모를 가졌다면 직접 판매하는 업종보다는, 박길동 씨처럼 고객과 간접적으로 접촉할 수 있는 아이템을 선택하거나 시스템을 구축하는 것이 좋다. 특히 고객을 직접 상대하는 사람은 고객이 부담을 가지지 않고서 접근할 수 있는 스타일이어야 한다. 그러니까 고객이 무슨 질문이든 할 수 있고, 편안한 기분이 들게 해주어야 한다. 판매자가 무뚝뚝하거나, 질문을 해도 딴짓을 하거나, 먼저 다가오지 않으면 고객은 다시 찾아오지 않는다. 이에 대해서는 〈표3-1〉을 참조하라.

판매하는 아이템에 따라 판매자는 자신의 이미지를 갖추어야 한다. 예를 들면, 인상이 차갑거나 학구적인 외모라면 컴퓨터나 스마트폰, 자동차 등 판매자가 전문적인 지식을 갖춰야 하는 제품을 파는 것이 좋다. 혹은 보험이나 투자 관련 상품, 부동산처럼 고객이 전문적인 지식을 갖추기 어려운 분야에 대해 상담을 해주는 등 신뢰를 줄

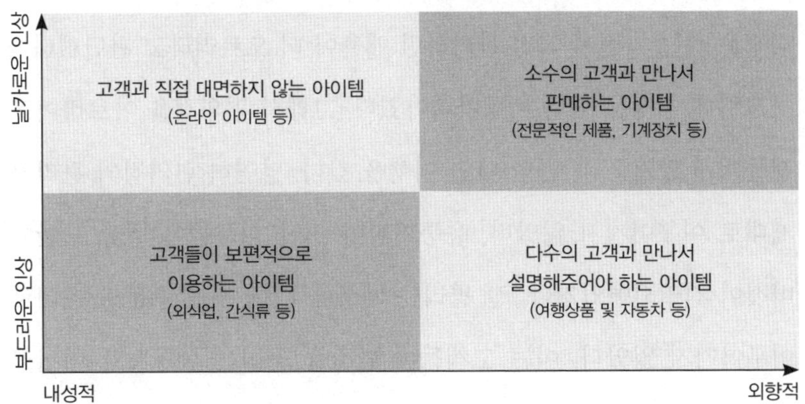

수 있는 업종을 택하는 것이 좋다.

그런데 창업지망생들 중 대부분은 자신의 외모와 성격을 고려하지 않는다. 그래도 꼭 그 분야의 창업을 해야겠다면 자신의 외모와 성격이 고객에게 매력적으로 보이도록 자기계발을 해야 한다. 믿기 어렵겠지만, **자동차나 전자제품 영업사원 중 오히려 험상궂은 외모를 가진 영업사원들이 '판매왕' 자리를 차지하는 경우가 많다. 자신의 외모와 관련된 약점을 고객들을 향한 진정성으로 극복했기 때문이다. 즉, 자신의 '부족한 외모'를 '개성적인 요소'로 발전시키거나, 성격을 개선해보려고 노력해야 한다.** 이에 관해서는 129페이지에 있는 〈표3-2〉와 〈표3-3〉을 참조하라.

물론 성격적인 문제를 고치지 못해 실패한 창업자도 있다. 김정운 씨(가명)는 회사를 관두고 아파트 단지 내의 작은 편의점을 인수했다.

직접 조사해보니 규모는 작지만 매출이 적지 않은 편이었다. 그래서 김정운 씨는 자신이 직접 관리하면 매출이 더 오르리라고 판단했다.

그런데 김정운 씨는 여행마니아였다. 그래서 편의점을 아르바이트생들에게 맡겨둔 채 틈만 나면 여행을 갔다. 당연히 편의점의 관리가 제대로 이루어지지 않았다. 유통기한이 지난 식품들이 냉장고 안에 버젓이 진열되어있거나, 잘 팔리는 제품에 대한 추가 주문도 제대로 이루어지지 않았다. 이는 고객들이 발길을 돌리는 상황으로 이어졌다. 물론 매출은 추락했다.

김정운 씨는 회사에서도 대충 일하던 편이었다. 그래서 직접 매대를 관리할 때에는 계산 오류가 잦았다. 당연히 고객들의 항의가 쌓이면서 이웃한 아파트 단지의 편의점으로 고객들이 옮겨갔다.

결국 김정운 씨는 편의점을 처분했다. 이 과정에서 권리금을 받기는커녕 건물주로부터 보증금조차 온전히 회수할 수 없었다. 월세와 관리비마저 제대로 낼 수 없었을 정도로 매출이 형편없었기 때문이다. 편의점은 점주가 상당히 부지런해야 매출을 올릴 수 있는 업종이다. 하지만 김정운 씨는 꼼꼼하지 못한 데다 "내가 사장이 되면 내 맘대로 시간을 관리할 수 있다!"는 착각에 빠졌기에 이런 상황으로 내몰린 것이다.

장사를 시작하려고 한다면 "이 업종은 많은 매출을 올릴 수 있는 업종이다"라는 말에 혹하면 안 된다. 욕심을 버리고서 "내가 확실히 잘 경영할 수 있겠다"는 확신이 드는 업종을 선택해야 한다.

〈표3-2〉 창업지망생을 위한 체크리스트

구분	체크리스트	체크(∨)
자금력	현재 과도한 부채는 없는가?	
	주식이나 부동산 투자 등 재테크를 했다가 크게 손해를 보지는 않았는가?	
	창업에 필요한 자금 이외에 자산이 없는가?	
	저축하는 금액이 월급의 60% 이상인가?	
구매력	구매를 할 때 가격을 잘 깎지 못하는가?	
	명품을 좋아하고, 구매 횟수도 많은 편인가?	
	쿠폰이나 할인 정보를 구매에 활용하지 않는가?	
외모력	당신은 외적으로 잘 꾸미는 편인가?	
	당신이 즐겨 입는 옷 중 최신 유행 스타일은 없는가?	
판매력	당장 내 제품·서비스를 구매해줄 고객들이 주변에 있는가?	
	상대방을 웃는 얼굴로 대하는가?	
	영업을 해본 경험은 있는가?	
	"판매를 해야 한다"는 스트레스에 시달렸는가?	
성격	타인과 만나는 것이 부담스러운가?	
	누구로부터 지시를 받는 것이 싫거나, 일하는 것이 귀찮은가?	
	집에서 가족과 소통을 많이 하는 편인가?	
	자제력과 통제력이 부족한 편인가?	
생활	평소 게임이나 유흥을 좋아하는가?	
	평소 술이나 담배를 즐기는가?	
	일찍 일어나기가 힘든가?	
	지병이 있어서 병원에 다니는가?	
		합계

〈표3-3〉 체크리스트 결과 해석

체크 개수	결과 해석
3개 미만	창업을 성공시킬 가능이 매우 높음
5개 미만	창업의 자질은 있으나 노력이 다소 필요함
7개 미만	창업의 자질이 떨어지니 다시 고려해볼 것
10개 미만	창업을 하지 않는 것이 바람직함

대박 아이템은 당신 주변에 있다

"장사를 하려면 대단한 아이템이 있어야 한다. 그 아이템이 그 장사의 성공을 좌우하기 때문이다!"라는 믿음이 장사를 시작하려는 분들에게 많이 퍼져있다. **하지만 진정한 '대박' 장사 아이템 발굴은 현실적인 문제를 의식하면서 시작된다.** 그러니까 많은 사람들이 찾는 대박 상품·서비스는 우리 일상에 무슨 문제가 있고, 그 문제를 해결하려면 무엇이 필요한가를 궁리하면서 나오기 때문이다. 편의점에서 몇백 원에 살 수 있고, 지하철역 화장실에서 신속히 깨끗하게 면도할 수 있게 해주는 일회용 면도기를 발명한 '질레트 안전면도기'의 창업자 킹 캠프 질레트의 사례처럼 말이다.

서울대학교 학생들이 창업한 '집토스'도 세입자들에게서는 복비를 받지 않는 창업 모델을 갖춘 저렴한 부동산 중개업체다. 현재 부동산 관련 법규상 5000만 원 미만의 거래액에 대해서는 부동산 수수료가 20만 원이다. 하지만 이 정도의 돈도 대학생 신분인 자취방(원룸) 세입자들에게는 부담스럽다. 집토스는 대학생들이 자취방을 구할 때의 어려움을 해소시켜주고, 부동산 매물들을 직접 확인하여 허위 매물들을 걸러내줌으로써 고객들의 신뢰를 확보하고 있다. 그래서 오픈한 지 불과 한 달만에 무려 20건 이상의 계약 실적을 달성했다.

자기 사진을 SNS에 올리기를 즐기는 젊은 네티즌들이 애용하는 셀카봉을 떠올려보라. 셀카봉은 2014년에 〈타임〉지가 선정한 '최고의 발명품 25선'에 포함되었을 정도로 대박 상품이 되었다. 셀카봉의 발명은 "타인이 내 스마트폰으로 나를 대신 찍어주어야 하는 데 따른 불안감(스마트폰을 들고 달아나거나 원하는 구도의 사진이 안 나온다는 점)" 그리고 "내 팔이 짧다!"는 불편함에서 시작되었다. 셀카봉을 사용하면 원하는 구도의 사진, 자신의 얼굴이 더 멋지게 나온 사진을 좀 더 쉽게 찍을 수 있다는 사실이 젊은 네티즌들을 열광시킨 것이다.

이 2개 사례는 우리 일상에서 많은 사람이 불편해하는 것, 절실히 원하는 것을 파악하고, 그것을 해결해줄 수 있는 상품·서비스를 만들어내는 것이 성공적 창업으로 이어진다는 사실을 보여준다.

남들이 별거 아니라고 여기는, 심지어 "새삼스럽게 왜 그래? 원래 그런 걸 어쩌라고?" 같은 반응마저 보이는 '사소한 문제'를 해결해보겠다는 의식은, 창업 아이템을 개발하는 과정에서 가장 훌륭한 장점이다. 특히, 불황으로 인해 지갑이 단단히 닫힌 시절에는 "어머! 이건 꼭 써봐야 해!"라는 감탄이 나오는, 더 나아가 "저게 내 문제를 해결해줄 것이다!"라는 생각이 들게 하는 상품·서비스를 만들어야 대박을 낼 수 있다. 이에 대해서는 〈그림3-1〉을 참조하라.

중고 스마트폰 판매 플랫폼을 개발한 '셀폰'을 보자. 셀폰의 고객들은 대개 자신의 스마트폰을 팔고 싶어도, 중고 스마트폰 시세를 쉽게 파악하지 못해 애를 먹는 사람들이다. 또한 가까운 판매점에 자기 스마트폰을 팔고 싶지만, 그런 곳 찾기를 힘들어하는 사람들이다. 셀폰은 제품명만 등록하면 해당 스마트폰의 시세와 판매점 위치까지 바로 파악할 수 있게 해주는 플랫폼을 선보였다. 그 결과 3개월 만에 10만 건의 어플리케이션 다운로드를 기록했다. 또한 중고 스마트폰 구매 서비스를 제공하는 것은 물론, 셀폰에서 새로 구입한 스마트폰의 액정이 깨지더라도 무상으로 교환해주는 서비스를 3개월간 제공하는 정책을 실시하고 있다. 이렇듯 셀폰은 고객들이 고민하게 만드는 문제점을 찾낸 뒤, 이를 해결해주는 서비스 플랫폼으로 성공한 창업 사례다.

사실 중고 스마트폰 시장은 오늘날 레드오션 시장이다. 특히 중국의 샤오미처럼 저렴하면서 우수한 신제품을 쏟아내는 회사들이 늘어나고 있는 마당에, 중고 스마트폰에 관심을 가지는 고객이 얼마나 되겠는가? 하지만 셀폰처럼 고객들을 고민하게 만드는 '사소한 문제들'은 오히려 블루오션 시장 같은 기회를 형성해줄 수 있다.

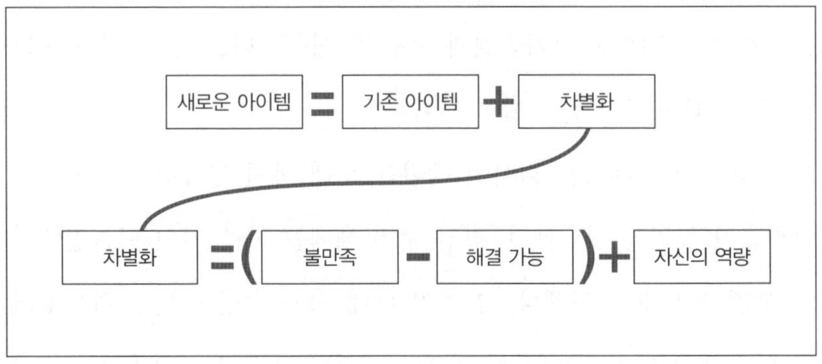

치킨 시장을 보자. 치킨 시장은 지나치게 포화되어 '피처럼 빠알간 레드오션'이라고 불린다. 그런데 왜 지금도 치킨 시장에 진출하는 창업지망생들이 줄을 이을까? 이는 **"시장 규모도 그만큼 크니까, 고객의 요구를 잘 파악해 만족시켜준다면 완전히 새로운 사업을 시작하는 것보다 성공 가능성이 높기 때문이다"**라고 판단하기 때문이다.

'누룽지 통닭구이'로 매년 10억 원의 매출을 올린다는 음식점이 있다. 실제로 이 음식점에는 늘 손님이 끊이지 않는다. 이러한 매출을 올릴 수 있었던 이 음식점만의 차별화 포인트는 다음과 같았다.

통닭에 가쓰오부시, 파, 치즈 등 부재료를 넣고, 메뉴도 누룽지 콘닭, 누룽지 파닭, 누룽지 치즈닭 등 10여 가지로 다양화한 것이다. 이렇게 함으로써 다양한 고객들의 수요를 만족시킬 수 있었다. 또한 통닭구이가 받쳐진 뜨거운 철판에는 밥이 얇게 깔려있다. 그러니까 밥이 누룽지가 되는 과정에서 여전히 뜨거운 통닭구이의 기름이 자글자글 스며드는 것이다. 그 덕에 치킨을 밥과 함께 먹으려는 고객들의 환영을 받고 있다. 누룽지 통닭구이와 함께 나오는 열무김치도 기름기가 적어 퍽퍽한 닭가슴살과 아주 잘 어울린다고 한다. 이런 모든 메뉴들은 대표가 직접 개발한 것이다.

이 음식점의 대표는 회사원 생활을 오래 하지 못하리라 판단하고 일찌감치 창업을 결심했다. 창업 준비 때에는 자주 가던 단골집에서 6개월간 무보수로 일했다. 그 기간 내내 치킨을 맛 내는 노하우부터 고객 응대, 서비스, 고객들이 가장 빈번하게 요구하는 것까지 꼼꼼히 파악하면서 '창업다이어리'를 작성했다. 그러니까 기존의 치킨 관련 프랜차이즈들이나 자영업자들이 만족시켜주지 못하던 '1%짜리 불만족스러운 부분'을 찾아내고, 이를 해소시켜주는 데 성공한 것이다.

'1%짜리 불만족스러운 부분'을 찾는 방법에 대해서는 Part 4의 제10장에서 더 이야기하겠다.

04.

처음에는 '저렴한 가격'을 내세운다

공덕시장에는 부침개와 전 전문 음식점들이 즐비하다. 그중 연 매출 수억 원을 자랑하는 어느 유명한 전집에는 많을 때는 하루에 1,000명의 고객들이 방문한다. 비결은 다양한 부침개와 전을 저렴한 가격에 먹을 수 있다는 것과 '아주 푸짐하다'는 것이다.

그래서 저자는 요식업 아이템을 찾는다면 전통시장에 가보라고 권한다. 창업 직후 바로 고객들을 끌어들일 수 있는 아이템과 노하우를 찾을 수 있기 때문이다. 사실 마트보다 시장을 찾는 사람 중 대부분은 '싼 걸' 원하는 고객이다. 그들은 주차나 쇼핑 과정에서의 불편, 위생 면에서 부족한 듯한 점 등을 지적하지 않는다.

물론 요식업을 한다면 맛은 대단히 중요하다. 하지만 지나친 경쟁 탓에 이미 '맛의 달인'이 된 요식업 창업자들은 얼마든지 있다. 장사를 시작하자마자 그런 이들과 경쟁을 벌인다면 당신은 두어 달만에 망할 것이다. 그러니 음식점 창업 초기에는 양으로, 저렴한 가격으로, 가격 파괴로 승부해야 한다. 마진을 최소화할지언정 당신의 음식점에 사람들이 바글거리게 해야 하고, 그들이 또 입소문을 내게 해야 한다.

물론 양과 저렴한 가격만으로는 지속적인 음식점 운영이 불가능하다. 수익이 점차 악화되기 때문이다. 그러니 **고객들이 몰리는 경지에 이르렀다면 차별화된 메뉴를 개발해야 한다. 당신만의 노하우를 담은 메뉴(제품·서비스)들을 하나씩 더 보여주면서 고객들에게 어필하는 것이다. 아래에 관련 사례들을 소개하겠다.**

① 연 매출이 10억 원에 달하는 불고기 전문점이 있다. 그곳은 2인분을 주문하면 다른 음식점의 3인분에 해당하는 양을 제공한다. 그런 점이 입소문으로 퍼진 덕에 창업 초기부터 손님들로 바글거렸다고 한다.

하지만 이 전문점은 거기서 그치지 않고 자기만의 비법 양념을 만들었다. 능이버섯을 우려낸 육수로 고기양념장을 만든 것이다. 그래서 향긋한 맛과 "안 질기다"라는 느낌을 줄 수 있었다.

② 돼지갈비 양념으로 석류즙을 사용해 대박을 낸 음식점이 있다. 그 음식점의 대표는 여성들이 석류를 즐겨 먹는다는 점과, 새콤달콤하면서 어쩐지 이국적인 맛에 주목했다. 물론 처음에는 돼지갈비를 저렴한 가격으로 공급받을 수 있도록 지인이 소개해준 도축장과 연계하는 등 양과 가격으로 승부했다.

③ 제주도의 명물인 고기국수를 전문으로 하는 음식점이 있다. 제주도에 있는 그곳은 매일 1,000명 이상의 관광객들이 방문하는 대박집으로 유명하다.

물론 독자 여러분들 중에는 "국수집 창업이 가장 쉽다던데"라며 냉소하는 분도 있을 것이다. 하지만 그렇기 때문에 국수 전문점은 난립하고 있어서 더더욱 유지하기가 힘든 데다, 제주도식 고기국수는 돼지사골을 끓여 만든 육수의 누린내를 잡아줘야 하는 등 상당한 진입장벽이 있다.

이 음식점의 대표는 시간차를 두어 따로 끓여낸 육수들을 섞어 깔끔한 맛이 나도록 조절했다. 손이 많이 가는 일이지만, 그렇게 정성을 들인 육수를 넉넉히 제공하기 때문에 성공할 수 있었다고 한다.

④ 경기도 남양주에는 하루 평균 오리 150마리, 주말에는 300마리 분량의 오리고기를 판매하는 '돌판구이 오리고기 전문점'이

있다. 이 음식점의 노하우는 생오리의 뼈와 기름을 일일이 직접 제거한다는 점과, 고기를 먹은 뒤 돌판에 남은 육즙으로 누룽지를 만들어준다는 점이다. 물론 이 음식점의 메뉴들도 양이 아주 푸짐하고 저렴하다.

⑤ 창업한 지 반년도 안 되어 대박이 난 어느 화로구이 집은 고기 불판 앞에 물분무기를 비치하고 있다. 물분무기는 달아오른 불판을 식히는 데 사용된다.

매장 입구 쪽에는 간이 카페를 마련하여 커피를 무료로 나눠주는데, 그 커피는 대표가 특허를 받은 '메밀을 섞은 커피'라고 한다. 구수하면서 맛이 색다르기 때문에 고기보다 그 커피를 마시기 위해 오는 고객들도 있다.

또한 2개의 도축장에서 고기를 납품받음으로써 균일한 품질을 유지하고 있다. 그러니까 한 곳의 품질이 떨어지면 다른 곳에서만 납품받게 될 수 있다보니, 양쪽 모두 긴장하게 된다는 것이다. 이 음식점도 푸짐함과 저렴함이 자랑거리다.

05.

'새로운 제품·서비스'를 쉼 없이 구상한다

포털사이트의 뉴스 게시판에든, SNS나 지인을 통해서든 "지금 당장 시작하면 당신도 대박 창업자가 되게 해줄 아이템이다!"라는 이야기를 접하고 솔깃한 '팔랑귀' 당신! 그런 창업을 결심하기 전에 이 아이템이 미래에도 계속 인기를 끌지, 유행할지 생각해야 한다.

특히 먹거리 관련 아이템은 고객들의 호응과 관심이 빨리 식는 경우가 많다보니 흥망성쇄하는 속도도 매우 빠르다. 편의점에서 단골 고객들에게만 프리미엄을 붙여 팔거나, '뇌물'로도 쓰이다가 어느새 '땡처리 상품'으로 전락한 닭고기 국물 라면과 꿀-버터 감자칩처럼 말이다. 경쟁자나 신규창업자가 지속적으로 동일 아이템을 소재로 한 다른 메뉴나 제품을 쏟아내는 상황도 벌어진다. 요즘에는 보기 어려운 조개구이집, 볶은고기샌드위치집, 찜닭집 등을 떠올려보라. 그래서 어떤 아이템이 성공하더라도 지속적으로 유지할 수는 없기에 해당 창업자가 살아남기는 어렵다.

물론 이 와중에도 계속 성공하는 창업자가 있다. 이들은 신제품 개발을 게을리하지 않는 창업자들이다. 즉, A라는 상품이 히트하고, 그것을 경쟁자들도 모방하려고 할 때, 성공하는 창업자는 B라는 신제품 개발에 착수한다. 그러면 고객들은 B라는 신제품에 호응과 관심을 보이면서 열광하기까지 한다. 애플의 CEO였던 고故 스티브 잡스의 성공도 바로 이런 식으로 이루어졌다. 현재 팔고 있는 제품·서비스가 잘 나가는 데 만족하지 않고, 늘 경쟁자들과 고객들을 의식하면서 새로운 제품·서비스를 부지런히 만든 덕이다. 당신이 장사를 한다면 고객들이 원하는 것을 제때 파악하고, 그에 맞는 제품·서비스를 지속적으로 만들어내야 한다는 사실을 명심해야 한다.

프랜차이즈 창업으로 성공하기가 매우 힘든 이유도 이 때문이다. '창업다이어리'를 10권이나 만들지 않아도 되니까, 비용과 시간과 노력을 적게 들이고도 '준비된 창업'을 할 수 있으니까, 그래서 자리를 신속히 잡을 수 있으니까 프랜차이즈 창업을 한다.

하지만 프랜차이즈 본사는 아이템의 통일성, 기존의 방침·정책 등 때문에 가맹점이 새로운 제품·서비스를 내놓는 것을 규제한다. 신제품을 만들더라도 본사 내부에서 중간관리자들을 일일이 거친 뒤

CEO의 결제까지 받아야 한다.

　한 예로 우리나라에서도 젊은이들이 즐겨 찾는 글로벌 커피 프랜차이즈의 여름철 대표 메뉴인 프라푸치노는, 미국 남부 지역의 한 매장에서 고안되었다. 그 매장은 바로 옆 음료수 전문점에서 파는 슬러시 때문에 매상이 안 오르다보니, 경쟁 메뉴로서 얼음을 갈아넣은 카페라떼 메뉴인 프라푸치노를 개발했다. 하지만 프라푸치노가 정식으로 판매되기까지 본사에서의 검토를 거쳐야 했다. 개인 창업자의 매장이라면 그날 바로 프라푸치노 같은 신메뉴를 팔 수 있었을 것이다. **프랜차이즈 매장의 가맹점주는 본사가 정한 메뉴만 팔아야 한다. 그래서 본사 측이 고객의 취향이나 유행을 제때 파악하지 못해 새로운 메뉴 개발이 늦어진다면 '고객이 줄어든다'는 피해를 바로 입기 마련이다.**

　그래서 창업을 한다면, 작은 불꽃으로 모닥불을 만들겠다는 목표를 세우고 시작해야 한다. 이미 활활 타오르고 있는 프랜차이즈라는 캠프파이어로 진입하는 것은, 오히려 그 불에 연료만 보태주는 셈이다. **하지만 '어떻게든 키워나가겠다!'는 각오로 작은 매장에서 신규 창업을 한다면, 고객들의 취향과 유행을 파악하면서 새로운 제품·서비스를 개발할 기회도 그만큼 많아진다.**

　고객들의 호응과 관심이 지나치게 싸늘해지거나, 유행이 완전히 지나서 다시 유행을 타려면 오랜 시간이 걸릴 것 같은 경우도 있다. 작은 매장이라면 비교적 쉽게 제품·서비스를 교체하거나, 해당 아이템이 계속 희망적이라고 여기는 창업지망생에게 권리금을 받고 처분

할 수도 있다. 칭기즈 칸을 따라서 원정을 가던 몽골 기병들이, 자기가 탄 말이 지치면 기수를 태우지 않아 쌩쌩한 말로 옮겨 타던 것과 비슷하다. 이에 대해서는 제8장에 있는 '아이템의 일반적인 라이프사이클(그림3-3)'을 참조하라.

06.
남들과 같은 식으로 장사할 생각은 버려라

치킨집이나 제과점, 독서실처럼 누구나 창업할 수 있는 아이템(제품·서비스)으로 창업하겠는가? 물론 Part 1부터 꾸준히 읽은 당신이라면 "시장의 한계를 뛰어넘는 아이템을 개발하겠다!"고 다짐했을 것이다.

사실, '마케팅 전략이 필요 없는 아이템'이란 대개 고객의 눈높이가 높지 않은 아이템이다. 즉, 고객으로서는 구매할 때 별다른 고민을 하지 않기에 차별화가 별로 필요 없다는 인상마저 주는 아이템인 것이다. 그러나 다른 사람들이 파는 것과는 **차별화된 비즈니스모델이 없는 창업 아이템으로는 절대로 성공할 수 없다.** "그것과는 다르다! 그것과는…"이라고 자신있게 외칠 수 있어야 한다.

군밤과 호떡을 팔더라도 지나가는 사람들이 멈칫하게 만들 방법을 고민해야 한다. 내가 파는 아이템에서 부족한 게 무엇이고, 고객들은 이 아이템과 관련하여 무엇을 원할까? 즉, 고객 스스로 자신이 원하는 것을 깨닫기 전에 당신이 먼저 그것을 해결해주거나 제공해주어야 한다. 예를 들면 '호떡의 고객 수요를 발굴하기 위한 차별화된 비즈니스모델'을 다음과 같이 구상해보라.

① '쫄깃한 맛'과 '고소한 맛' 중에서 선택할 수 있으면 좋겠음
② 호떡 속의 잼이 흐를 수도 있다는 걱정을 하지 않고 먹을 수 있으면 좋겠음
③ 위생을 고려하여 깨끗했으면 좋겠음
④ 수십 년 전에 화교 상인들이 팔았다던 호떡처럼 식사 대용이 될 수 있도록 고기나 야채가 들어갔으면 좋겠음
⑤ 너무 달지 않았으면 좋겠음

차별화된 비즈니스모델은 '고객이 원하는 것', '(고객 자신은 느끼지 못하지만) 고객에게 지금 당장 필요한 것'을 찾아내거나 해결해줌으로써 만들어진다. **아무리 좋은 기술이나 훌륭한 아이디어로 아이템을 개발했어도 팔리지 않는 이유는, 고객에 대해 고려하지 않은 채 자신의 생각만으로 제품을 만들었기 때문이다.**

이 말이 딱히 와 닿지 않는다면, 지금 당장 거리로 나가서 상가 건물 1~2층의 매장들을 보라. 프랜차이즈부터 개인 창업까지 창업 사

레가 무수히 많다는 것을 확인하게 되리라. 그리고 이들 중 상당수가 오늘도 폐업하거나 매장 자리를 복덕방에 매물로 내놓은 상태다.

과연 이 매장의 주인들은 자기 아이템에 대한 비즈니스모델을 단 하루라도 고민했을까? 10명 중 8~9명은 남의 일에 참견하기는 좋아하면서 책임은 안 지는 지인, 부동산중개업소, 프랜차이즈 본사의 영업자가 하는 "잘 될 겁니다", "요즘 그게 대세입니다"라는 말에 낚였을 것이다. 그리고 살아남기 위해 치열하게 노력한 끝에 달인이 된 경쟁자들에게 밀려 오늘날과 같은 상황에 이르렀을 것이다.

"눈물의 마지막 세일, 오늘 안 사시면 영영 못 삽니다" 같은 현수막을 걸고서 내일은 완전히 문을 닫을 생각에 심란해지는 상황을 경험하기를 당신은 원하는가? 그렇지 않다면 창업 전에 비즈니스모델을 반드시 개발해야 한다.

비즈니스모델을 만드는 것은 크게 어렵지는 않다. '호떡의 고객 수요를 발굴하기 위한 차별화된 비즈니스모델'처럼 단편적으로 생각한 아이디어를 결합시킴으로써 완성시킬 수 있다. 즉, 다양한 관점의 아이디어들을 결합시켜야 최적의 비즈니스모델이 나온다. 그 구체적인 방법인 '아이템에 대한 차별적 비즈니스모델을 갖추기 위한 TIP'은 다음과 같다.

① 당신이 창업하려는 아이템과 관련하여 기존 고객들은 어떤 불만이나 요구 사항이 있는가? 무엇 때문에 불편해하는가?

② 핵심 수요를 찾기 위해 기존 고객들을 인터뷰한다.

③ ①과 ②에서 취한 아이디어를 정리·확장한다.

④ 해당 아이템과 관련된 기존 창업자들은 어떤 위기 상황에 놓여있는지 조사한다.

⑤ 해당 아이템의 제품·서비스의 원가를 낮출 방법을 고안한다.

⑥ 창업 초기에 고객들을 확보할 수 있는 방법을 고안한다.

⑦ 창업 초기에 반드시 적자를 면할 수 있는 구조를 고안한다.

⑧ 최적의 수익모델을 고안한다.

⑨ 최적의 홍보 방안을 고안한다.

〈그림3-2〉는 저자의 지인이 김밥 전문점을 창업하기 위해 작성한 비즈니스모델이다. 지인은 차별화된 비즈니스모델을 개발하려면 좋은 아이디어를 많이 모아야 한다고 본다. 그러려면 '기회'도 많이 발굴해야 한다. 그래서 "기회는 어떻게 발굴하는데?"라고 물었더니, "고객들의 다양한 수요를 최대한 많이 파악하면 된다"고 대답했다. **즉, 훌륭한 비즈니스모델을 개발하려면 다양한 고객 수요를 찾아내고, 풍부한 아이디어를 활용하여 독창적 기회를 발굴해야 한다는 것이다.** 그러면서 제시한 것이 〈그림3-2〉였다.

지인의 기대와 달리 〈그림3-2〉는 '차별적인 비즈니스모델'이라고 보기 어렵다. '비즈니스모델'을 개발하는 데 필요한 '벽을 넘는 아이디어'가 빠졌기 때문이다. 차별적인 비즈니스모델은 '벽을 넘는 아이디

어'가 고객 수요와 결합된 것이다. 그러나 〈그림3-2〉는 누구나 생각하고 말할 수 있는 것들뿐이다.

그렇다면 '벽을 넘는 아이디어'란 무엇인가? 그것은 '고객 수요를 차별화하여 충족시킬 수 있는 기회를 발굴하는 것'이다. 가령, 기존에는 공구와 선반으로 제작하느라 몇 시간씩 필요하던 것을 3D 프린터로 단 몇 분 만에 만든다든지, 더욱 저렴한 비용을 들이고도 더욱 좋은 제품을 만든다든지, 더 멋지고 창의적인 디자인을 선보이는 것이다. 〈그림3-2〉를 이에 따라 보완한다면 영양소를 골고루 갖췄지만 칼로리는 낮은 김밥이라든가, 기존 분식집 김밥 대비 품질은 높고 원가는 절반밖에 안 드는 김밥 등을 들 수 있겠다.

그래서 저자는 차별적인 비즈니스모델을 구하는 이들에게 "당신의 기존 아이디어들을 뒤집어보세요"라고 권한다. 고정관념에 가까운 기존 아이디어들을 뒤집어보고, 확장시켜보고, 결합·융합시켜봐야 독창적인 아이디어가 나오기 때문이다. 바로 그런 아이디어가 있어야 차별화된 비즈니스모델을 만들 수 있다.

요식업은 시스템과 매뉴얼,
그리고 '맛 관리'의 싸움이다

다른 창업 아이템은 몰라도 요식업은 여러 사람이 필요하다. 주방, 홀서빙, 계산 등 다양한 일들이 복합적으로 이루어지기 때문이다. 그런데 "요식업의 성공 요인이 뭐라고 생각합니까?"라고 창업지망생들과 초보창업자들에게 물으면, 대개 '맛'과 '서비스'라고 대답한다. **물론 틀린 말은 아니지만, 이보다 더 강력한 성공 요인은 바로 '사람'이 관련된 시스템이다.**

사실, 요식업은 식재료나 비용 등과 관련된 낭비를 줄이면서 고객들에게 만족감을 효과적으로 제공해야 한다. 그래서 메뉴 개발, 주방 운영, 종업원 모집 등 모든 분야에서 체계적인 시스템화가 이루어져야 한다. 동일한 맛과 서비스를 모든 고객들에게 제공해야 하기 때문이다. KFC, 맥도널드, 도미노피자 등 프랜차이즈들이 요식업계에서 자리를 단단히 잡을 수 있었던 이유도 시스템을 구축했기 때문이다.

물론 당신이 10평짜리 음식점을 차리더라도 당신은 시스템을 구축해야 한다. **식재료 구입 방법, 조리 방법, 고객에게 음식을 서빙하는 방법, 그날 남은 식재료를 처리하는 방법 등을 체계적인 시스템에 따라 매뉴얼화해야 한다. 그래야 설령 당신이 자리를 비우더라도, 혹은 종업원이 바뀌더라도 항상 같은 맛과 서비스를 제공할 수 있다.** 프랜차이즈들이 신참 종업원이나 신규 가맹자(창업자)가 매뉴얼을 익히도록 교육·훈련시키는 데 많은 노력을 기울이는 이유도 이 때문이다. 고객들이 밀려왔을 때 우왕좌왕하다가 실수를 한다면, 그 실수를 겪은 고객은 다시는 찾아오지 않을 것이기 때문이다.

요식업계 창업에서 시스템과 매뉴얼이 중요한 이유는 또 있다. 주방장이 관두는 경우가 많기 때문이다. 이는 자신이 직접 창업하기 위해서이기도 하고, 자신의 급료를 올리기 위한 '협박'이기도 하다. 하지만 만약 당신이 각 메뉴의 조리 매뉴얼을 시스템화했다면 당신이든 혹은 다른 종업원이든 동일한 맛을 낼 수 있으니 걱정하지 않아도 된다. 그런데 요식업계 창업자 중 대부분은 요리는 고사하고 후라이팬의 기름때조차 제대로 제거할 줄 모른다. 그러니 주방장이 관두면 결국 음식점을 닫기까지 한다.

인건비 절약을 위해 '가족과 함께' 일하는 것도 요식업계 창업에서는 지양해야 한다. 월급을 주고 부리는 '고용인'과 달리 가족에게는 시스템과 매뉴얼을 강제하기가 어렵기 때문이다. 결국 음식의 맛과 서비스의 질이 형편없어지면서, 차라리 종업원을 고용한 것보다 못한 상황이 벌어진다.

마지막으로 한 번 더 강조하노니, **초보창업자가 요식업계에서 성공하려면 시스템과 매뉴얼에 따라 맛을 관리할 수 있어야 한다.** 여러분도 외식을 할 때마다 느꼈겠지만, 고객은 맛을 정말 귀신같이 알아차린다. 미각이 특히 발달된 혹은 요리·외식 관련 파워블로거인 고객들은 어떤 양념이나 조미료가 얼마나 들어갔는지까지 알아차린다. 그러니 늘 한결 같은 맛을 낼 수 있어야 한다.

시스템과 매뉴얼이 있다면 이에 대한 걱정을 덜 수 있다. KFC가 샌더스 대령이 개발한 양념 레시피 매뉴얼 덕에 전 세계의 모든 매장에서 동일한 치킨을 낼 수 있듯이 말이다. 이 말의 의미가 정 와닿지 않는다면, 인스턴트 라면을 떠올려보라. 라면 봉지에 적혀있는 레시피대로만 하면 누구든지 '아주 맛있는 라면'을 만들 수 있는 이유는, 동일한 스프가 들어있기 때문이다. 요식업을 할 경우 당신이 샌더스 대령처럼 '최상의 소스·양념·육수'를 만든 뒤, 그것을 프랜차이즈인 KFC처럼 표준화 시스템에 따라 매뉴얼화한다면 단골고객들을 확보·유지하는 것은 결코 어려운 일이 아니다.

08.

창업하자마자 수익을 내고 싶은가?

〈그림3-3〉은 창업 아이템의 일반적인 라이프사이클을 나타낸 것이다. 대부분의 창업자는 이 라이프사이클상의 '도입기'에서 손실 내기를 두려워한다. 권리금, 부동산 중개수수료, 임대료, 매장 인테리어 비용 등 이미 많은 돈을 투자했기 때문이다. 그런데 도입기는 창업자가 개발해둔 제품·서비스를 고객들에게 선보여야 하는 시기다.

물론 창업을 막 시작한 이상 '투자'라고 볼 수 있는 '손실'이 발생하기 마련이다. 그런데 그것이 일어나는 것마저 두렵다면 '손실을 최소화하는 전략'을 구축해야 한다. 일단 점진적으로 손실이 회복되는지, 투자한 만큼 회수가 이루어지는지 파악해야 한다. 그러면서 언제쯤 손익분기점을 넘길 수 있을까 계산해봐야 한다. 빚을 지면서까지, 그러니까 밑

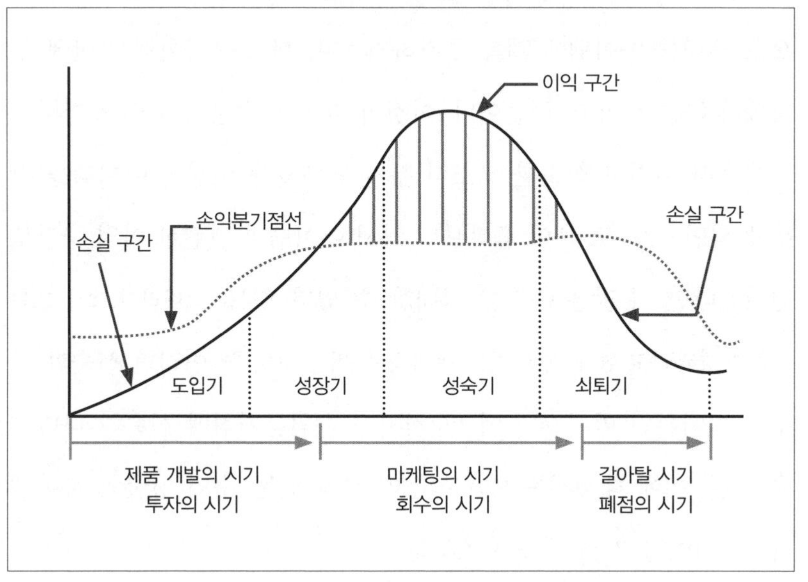

빠진 독에 물 붓듯이 손실을 감수하면 안 된다.

장사가 잘 된다면(라이프사이클상의 '이익 구간'에 들어가기 시작했다면) 추가적인 '투자'를 하기 마련이다. 라이프사이클상의 '성장기'에 들었다고 판단했기 때문이다. 그래서 조만간 '성숙기'에 들어가리라고 꿈꾸며 조용히 웃기도 한다. 그런데 성장기의 투자는 주로 '이미 고객들로부터 인정을 받는 제품·서비스'를 대상으로 한다. "어서 빨리 투자한 돈을 회수해야 한다!"는 마음이 급하기 때문이다.

그런데 이익 구간은 장기간 유지될 수 없다. 앞장에서 언급했듯이, 대부분의 제품·서비스는 유행 등을 타기 때문에 길어야 6개월 뒤에는 '쇠퇴기'에 빠지기 때문이다. 그래서 메뉴 개발을 지속적으로 해야 생존할 수 있다고 한 것이다. 성숙기에 접어들어 수익 창출을 지속적으로 해내는 아이템에 계속 투자하기보다, 새로운 아이템 개발에 투자해야 하는 것이 이 때문이다. 이것이 바로 '선순환 구조'인 것이다.

아울러 이러한 선순환 구조적 투자 덕에 2개 이상의 아이템을 갖추게 되면, 그리고 운이 좋다보니 앞서 아이템과 관련한 이익 구간도 길어진다면 더 많은 수익을 기대할 수 있다(이것을 '레버리지 효과' 또는 '지렛대 효과'라고 한다. 속된 말로 '돈이 돈을 버는 것'이다). 이러한 선순환 구조에 진입하면 마치 로켓에 탄 것처럼 손익분기점에 신속히 다다를 수 있다. 이에 대해서는 Part 5의 제7장에 있는 '수익 창출의 아이템 라이프사이클(그림5-1)'을 참조하라.

그런데 초보창업자들은 장사를 시작할 때의 아이템 덕에 한번 이익이 나기 시작하면, 그 아이템으로 계속 버티려고 한다. 물론 저자는 그런 이들이 너무 빨리 쇠퇴기에 접어들면서 매장을 정리하는 경우를 상당히 많이 봤다. 지금 타고 있는 말이 지치기 시작했으면 새로운 말로 갈아타야 한다. 아니면, 그 말을 다른 이에게 권리금을 받고 팔아야 한다.

문제 의식에서 출발한 여성 창업 사례

아래의 사례들은 중소기업청이 운영하는 창업 포털사이트인 'K-스타트업 (http://www.k-startup.go.kr)'에 소개된 여성 창업 성공 사례들이다. 두 사례의 공통점은 '문제 의식에서 출발했다'는 점이다.

(1) 차별화된 빨래 건조대

세탁기 덕에 빨래하기는 편하지만, 널어 말리는 것은 보통 일이 아니다. 특히 많은 양의 빨래를 널기 위해서는 허리를 굽혔다가 폈다가를 수십 번 반복해야 한다. 이런 불편함에 착안한 최한순 씨(가명)는 주부들의 허리를 보호하기 위한 빨래 건조대를 기획하고 제작에 들어갔다.

최한순 씨는 많은 주부를 만나 자신이 고안한 빨래 건조대에 관해 설명하고, 피드백을 설계에 반영했다. 그 덕에 최한순 씨의 빨래 건조대는 '빨래가 든 바구니를 들어올려서 허리를 편 상태에서도 빨래를 꺼낼 수 있도록 해주는' 혁신적인 아이디어 상품이 되었다.

최한순 씨는 이 빨래 건조대를 아이템으로 삼아 창업했다. 창업 초기에 정부지원금으로 운영했지만, 곧 그것에 만족하면 금방 실패한다는 사실을 깨우쳤다. 그래서 지금도 '차별성 있는 신제품'을 만들기 위해 노력하고 있다.

(2) 냉동실에서 쉽게 꺼낼 수 있는 양념통

허아라 씨(가명)도 '생활 속 아이디어'로 창업에 성공한 전업주부다. 허아라 씨의 아이디어 아이템은 마늘이나 생강 같은 양념용 채소들을 얼려서 보관했다가 요리할 때 사용하기 편리하도록 도와주는 양념통이다.

　허아라 씨는 우선 시제품을 만들어보고자 했다. 하지만 비용이 만만치 않았다. 다행히 'K-스타트업' 등을 통해 도움을 받게 되면서 시제품을 제작하고, 앞서의 최한순 씨처럼 많은 주부들로부터 피드백을 받은 뒤 본격적으로 창업했다.

　현재 허아라 씨의 사업체는 해당 양념통이 2014년에 어느 대형 마트에 진출한 뒤 폭발적인 성장을 하고 있다. 허아라 씨는 이렇듯 전업주부로 활동한 뒤 불편한 점을 파악하고, 그것을 해결하기 위한 제품을 기획·판매하여 성공한 경우다.

　이렇듯 작은 문제점에서 출발해 아이디어를 모으고 제품화하는 것도, 성공적인 창업의 길이다. 또한 'K-스타트업'처럼 정부가 제공하는 기회들도 인터넷을 검색해보면 얼마든지 찾아낼 수 있고, 그로부터 지원을 받을 수 있다는 사실도 명심하라. 그러니까 창업을 한다고 해서 무턱대고 돈부터 쓰는 것은 지양해야 한다.

욕쟁이할머니는 왜 욕을 했을까?

항상 갈망하고 항상 배고파하라

스티브 잡스(미국 애플 사의 창업자 겸 IT 분야 개발자)

01.

사람을 불러 모을 줄 아는가?

사람과의 관계 때문에 스트레스를 받거나, 타인과의 대화를 잘 하지 못한다면 장사를 하기가 어려울 것이다. 고객을 상대하는 것은 물론, 종업원을 통솔하는 것마저 아주 힘들 것이기 때문이다. 특히 창업 후에는 종업원들 혹은 고객들을 상대하면서, 당신이 의사 결정을 하게 된다면 "나는 이곳의 대표다!"라는 확고한 마음가짐을 갖춰야 한다.

매장 주인의 의사 결정은 전략을 창출하는 게임과도 같다. 바다 한가운데 있는 배의 선장이 "우리는 어디로 가야 한다!"라고 제시하지 못한다면 선원들은 어찌하겠으며, 배는 어떻게 되겠는가? 항해의 목적을 달성하기는커녕 표류하다가 침몰할 수도 있다.

선장이라면 항해의 목적과 배가 가야 할 방향은 물론, 파도(리스크)

가 거세게 몰아치면 어떻게 대응해야 할지도 제시하면서 선원(종업원)들과 함께 이 위기를 해결할 전략도 논의할 수 있어야 한다. 큰돈을 들여 마련한 좋은 배와 항해 장비는 항해(사업)를 성공시키기 위한 중요 조건이다. 하지만 이것만으로는 항해를 성공시킬 수 없다. 선장이 선원들과 함께, 항해를 위한 전략들을 제대로 창출할 수 있어야 항해를 성공시킬 수 있다.

최근 창업 성공 사례에는 이런 특징이 있다. 즉, 젊은 창업자들이 머리를 모아 생각을 공유함으로써 전략을 개발시키는 것이다. 그래서 저자는 **"다른 이들을 불러 모으는 역량이, 리더십이 부족한 사람은 창업을 해서는 안 된다"**고 본다.

그래도 창업을 하고, 성공도 하고 싶다면 당신의 생활 방식을 바꿔야 한다. 자신부터 변화해야 하는 것이다! 리더십이 없다면 어떻게 종업원들을 관리하겠는가? 그런데 지금 창업을 하려는 당신은 종업원이나 중간관리자의 입장에만 있었다보니, 사업장 전체를 총괄적으로 관리해야 하는 대표의 일과 마음을 모를 것이다. 그러니까 당신은 곧 기업의 대표는 남들이 일할 때 골프나 치는 사람이 아니라는 사실을 깨닫게 된다.

회사의 일에 대한 의사 결정은 모두 대표가 내린다. 그리고 책임도 대표가 진다. 그래서 미국의 해리 트루먼 대통령은 대표의 역할에 대해 "공은 내 앞에서 멈춘다"는 말로 정의했다. 그런데 회사의 대표가 일처리를 공정하지 않게 한다든가, 누구든 납득할 수 있는 체계적인 매뉴얼에 따라서가 아니라 자신의 기분과 주관적 판단에 따라 독단적으로 한다면 문제가 일어나기 마련이다.

그런데 이런 일들을 경험해본 적이 없는 당신이, 이런 약점을 보완하지 않고 창업을 한다? 일단 매장 문을 여는 것은 가능하겠지만, 얼마 뒤 종업원들이 모두 떠나면서 매장 문을 닫아야 할 것이다. 그 전에 블로그 등에 올라오는 당신 매장의 이용 후기에는 "사장님이 종업원들을 제대로 통솔하지 못해, 종업원들은 놀고 사장님 혼자 일하더라" 같은 지적이 올라올 것이다.

자기 자신은 회사에서 그랬듯이 일을 깔끔하고 완벽하게 처리한다고 생각하는 경우도 그렇다. 그런 대표는 종업원들이 자신의 기준을 충족시키지 못한다는 이유로 종업원들을 늘 나무라기 마련이다. 그러면 종업원들의 마음에도 불만과 불신이 쌓이고, 일에 대한 흥미를 잃으면서 결국 떠나기 마련이다. 심지어 다음 날부터 갑자기 종업원이 출근을 안 하는 난감한 상황도 벌어진다.

비즈니스는 다양한 역량을 집결시킴으로써 이루어지는 것이다. 대표가 아무리 대단한 역량을 가진 인재일지라도 모든 것을 처리할 수는 없다. 중국을 처음으로 통일한 진나라의 대군을 전멸시킬 정도로 대단하던 항우가, 말단 관리 출신인 유방에게 패망한 이유도 "한신과 소하, 장량 같은 최고의 인재들을 무시했기 때문"이라고 하지 않던가. 그래서 창업자는 여러 사람의 역량을 키우고 종합할 줄 알아야 한다.

창업 초기에는 대표 혼자서 모든 것을 처리할 수 있어도, 성장과 성공을 원한다면 전문성 있는 사람을 채용해야 한다. 그리고 그가 당신에게 실망해서 떠나는 일이 없게끔 해야 한다.

리더십은 회사에서 수십 년간 근무한다고 길러지는 것이 아니다. '대표' 자리에 앉기만 하면 저절로 갖춰지는 것도 아니다. 하지만 당신 주변에 사람들을 불러 모으는 건 간단하다. 타인과 이야기할 때 즐거움과 재미를 주면 된다. 물론 그러기 위해서는 대화의 소재를 풍부하게 준비해야 한다.

그런데 내성적인 사람, 개인주의적 성향이 강한 사람은 '사람을 불러 모으는 역량'보다 더 먼저 키워야 할 것이 있다. '분석하고 관리하는 역량'이 바로 그것이다.

그래서 **회사에서의 인간관계가 불편하다보니 홧김에 창업을 하려는 분들이여! 여러분은 창업을 해서는 안 된다.** 차라리 '이직'과 같은 다른 대안을 찾든가, 주변 사람들과의 인간관계를 개선해보라.

초기에는 블로그나 SNS로 홍보하라

창업 초기에는 매출이 예상보다 저조한 경우가 많다. 그래서 저자의 지인들 중에도 블로그나 SNS를 활용한 마케팅에 도전해보는 이들이 있다. 자신의 아이템이 경쟁력이 있지만, 홍보가 부족해 잘 알려지지 않았기 때문이라면서 말이다.

이들 중에는 자기가 직접 블로그나 SNS를 운영하는 이들도 있지만, '전문 업체'에 돈을 주고 일임하는 경우도 많다. 하지만 "왜 고객들이 안 오지?"라는 고찰 없이 블로그 마케팅에만 열을 올리면 답이 없다.

사실, 품질이나 서비스가 좋으면 혹은 아이템이 훌륭하면 입소문이 나기 마련이다. 그러면 주고객층은 물어물어서라도 찾아온다. 금주령 때문에 술을 파는 것도 사는 것도 불가능했던 20세기 초중반의 미국에서 조폭인 알 카포네 등이 허름한 창고 같은 데서 밀주를 팔 때처럼 말이다. 그래서 저자는 창업 초기부터 마케팅에 주력하겠다는 초보창업자들에게 이렇게 권한다.

"오픈 후 첫 달부터 홍보에 집중하지는 마세요. 홍보는 3개월 뒤에 진행해도 늦지 않습니다."

초보창업자가 홍보보다 우선해야 할 것은 고객들에게서 제품의 품질이라든가 매장의 서비스를 평가받는 것이다. 만약 고객에게서 지적을 받았다면 그 문제점을 신속하게 철저히 수정해야 한다. 그럼으로써 고객들의 만족도와 호감을 서서히 끌어올려야 한다. 즉, 그 고객이 다음 번에 방문했을 때 **"어? 지난 번에 내가 지적했던 그 문제점을 해결했구먼!"** 하면서 고개를 끄덕이도록 만들어야 한다.

특히 잘못된 블로그 마케팅은 오히려 '독'이 된다. 블로그의 게시글 내용을 신뢰하여 방문한 고객들이 기대 이하의 품질과 서비스에 실망하거나 괴리감을 느껴 자신의 블로그에 불만을 올리는 경우가 많기 때문이다. 더군다나 최근에는 블로그나 SNS를 전문적으로 활용해 홍보하는 업체들이 많다는 사실이 일반인들에게도 널리 알려졌다. 심지어 몇몇 포털사이트의 영향력 있는 블로거들이 그런 업체에 '고용'되었다는 주장도 나오면서 블로그나 SNS의 게시글, 특히 긍정적인 방문 후기를 불신하는 풍조도 만연하고 있다.

그러니 꼭 블로그나 SNS로 홍보해야겠다면 **"고객님의 블로그나 SNS에 후기를 올려주신 뒤 이를 확인시켜주시면, 다음 이용 때 할인을**

해드리겠습니다"라고 공지하든가, 당신 매장의 공식 블로그나 SNS에 덧글을 달면 차별적인 서비스를 제공해주겠다는 식으로 주고객층을 유도하는 것이 훨씬 효과적이다.

아울러 부정적인 후기를 블로그나 SNS에 올린 고객과 싸우거나 고소하겠다고 협박해서는 안 된다. 오히려 튀김용 기름이 끓고 있는 후라이팬에 물을 붓는 것처럼 더 큰 난리로 이어질 뿐이다. 그 대신 자신의 블로그나 SNS에 이에 대안 억울함이라든가 해명하는 내용을 올리는 것이 낫다. 그러면 기존 단골고객들의 동정심을 받아낼 수 있다.

(1) 홍보보다 문제점 개선이 먼저다

2000년대 말엽부터 SNS나 블로그를 통해 진행되는 반값 할인 서비스인 '소셜커머스'가 많은 창업자의 주목을 받고 있다. 소셜커머스로 제품·서비스의 반값 할인 이벤트를 사용한 고객들이, 그 매장을 다시 찾을 것이라는 기대감 때문이다. 물론 다시 찾지는 않더라도 자신의 SNS나 블로그에 후기를 남길 것이니 "홍보는 되지 않겠는가"라고 판단한 것이다. 그런데 일단 저자의 지인들은 이구동성으로 "소셜커머스요? 별로 소용 없더라고요"라고 말한다.

저자가 원인을 파악해봤더니, 그 지인들이 제품·서비스의 문제점 개선을 소홀히했기 때문이었다. 즉, 소셜커머스를 이용한 고객들은

"일단 싸니까 이용해보기는 했는데, 두 번 이상 쓸 것/갈 곳은 못 된다"는 판단을 한 것이다. 심지어 소셜커머스로 이벤트를 진행하는 과정에서 고객이 갑자기 평소보다 몇 배 더 늘어나다 보니 이에 대한 준비 부족으로 품질이나 서비스가 더욱 나빠지는 경우도 많았다.

안타깝게도 이런 경험을 한 창업자들은 여전히 자기 제품·서비스의 문제를 파악하기보다, "홍보가 부족했던 모양이다"라고 생각하여 더 많은 이벤트를 비롯한 홍보에 치중한다. 하지만 이렇게 하면 주고객층은 오히려 "장사가 안 되니까 저러는 모양이다"라고 판단하기 마련이다.

그러니 창업 초기에는 홍보보다 고객의 불만족(지적받은 문제점)을 해결하는 데 주력해야 한다. 장기적으로 보면 그것이 홍보보다 비용은 적게 들면서 효과는 더욱 확실하다.

(2) 단골고객이 최고의 홍보팀장이다

단 1명의 단골고객도 홍보에는 도움이 된다. 블로그와 SNS로도 인맥 관리가 가능한 오늘날에는, 특히 활발하게 활동하는 1명은 수백 수천 명에게 홍보하는 효과를 보여준다. 그래서 많은 사람들이 블로그나 SNS로 영향력을 발휘하는 이들과 친하게 지내려고 노력하는 것이기도 하다.

당신이 이미 창업을 했다면 지금 당장, 그리고 앞으로도 계속 당신의 매장을 자주 찾아오는 단골고객에게 정성을 쏟는 것이 그래서 필요하다. 예를 들면, 고객이 벗어둔 구두가 더러우면 물티슈로라도 간단히 닦아서 가지런히 두는 것이다. 그러면 고객은 계산하려고 나오면서 자신의 구두를 보고 감동할 것이다.

아울러 단골고객들과는 거래 관계 이상의, 심지어 개인적인 것도 함께 고민하는 입장이 되어야 한다. 그런 단골고객들의 리스트를 작성하고 방문 횟수를 기록하면서 연락하라.

그렇게 관리된 단골고객들은 당신의 홍보팀장이 될 것이다. 그들은 자발적으로 자신의 블로그와 SNS 등에 당신의 매장을, 당신의 아이템을, 당신의 제품·서비스를 적극적으로 홍보해줄 것이다.

내 아이템의 영혼으로
감동시키는 스토리텔링

도요토미 히데요시를 멸망시킨 도쿠가와 이에야스와 그의 자손들이 쇼군(將軍)으로서 일본을 다스리던 에도 시대, 그 시절에 다쿠안 소호(1573~1645)라는 스님이 있었다. 깊은 깨달음을 얻으신 덕에 '일본의 10대 승려'로 인정받지만, 우리에게도 '단무지(다꾸앙)를 만든 스님'으로 잘 알려져있다. 그런데 이 스님의 발명품과 관련하여 2가지 스토리가 있다.

첫 번째 스토리는 저자도 1990년대에 본 일본 책의 내용이다. 어느 날 쇼군이 다쿠안 스님을 뵈러왔다가 절밥을 대접받았다. 쇼군은 밥상에 오른 노란 무절임을 별미라 여겨 스님께 이름을 물었다. 스님은 "이름은 없고, 그냥 무절임이라 부릅니다"라고 대답했다. 그러자 쇼군이 "적당한 이름이 아직 없다면, 여기에 스님의 이름을 붙입시다"라면서 그때부터 '다꾸앙'이라고 불렀다는 것이다.

두 번째 스토리는 최근 우리나라의 어느 언론 매체가 소개한 것이다. 가난한 사람들이 허기를 면하기 위해 식은 밥 한 덩이를 입에 억지로 밀어넣고 있었다. 반찬도 없이 말이다. 우연히 이를 본 다쿠안 스님은 가슴이 아파 저렴하면서 맛있는 반찬을 만들기로 했다. 후일 다쿠안 스님이 만든 무절임을 사람들이 고마워하며 '다꾸앙'이라 불렀다는 것이다.

분식집이나 중국요리집에 가면 얼마든지 먹을 수 있는 단무지에 이런 스토리가 있는 것이다. 저자가 이 2개의 단무지 스토리로 이 장을 시작하는 이유는 다음과 같다.

자신만의 아이템을 개발하기는 어렵다. 더군다나 수많은 매장들이 오픈과 폐점을 거듭하는 오늘날에는 "어떻게하면 살아남을까?"도 연구해야 한다. 그러니 남들이 하는 것을 따라하거나, 남들이 차려준 밥상(프랜차이즈)에 숟가락을 얹으려 한다는 것은 처음부터 살아남을 생각이 없다는 뜻이기도 하다(저자의 지인 중 어느 과격한 이는 이를 "돈을 쓰레기통에 버리는 짓이라고요!"라고 말했다).

그래서 새롭고 기발하며 차별적인 아이템을 연구하는 것이다. 그런데도 시장에서는 반응이 없다며 침통해한다. 왜 그럴까? 그 이유는 아이템의 가치를 창출시킬 수 있는 영혼, 즉 스토리텔링이 부족하기 때문이다.

그럼 다시 한번 KFC의 창업자인 샌더스 대령의 이야기를 떠올려 보자. KFC의 주무기이기도 한 '비장의 양념 레시피'는 샌더스 대령이 무려 1,000회 이상 레시피 연구를 거듭한 끝에 만들어진 것이다. "이번에도 실패하면 방법을 달리해서 또 도전하겠다!"는 샌더스 대령의 고집스러운 노력의 결정체였던 것이다.

이렇듯 단 1개의 분야에 집요한 노력을 투입해야 '영혼이 담긴 아이템'을 만들 수 있다. 그리고 그러한 노력의 과정을 재미있고 생생하며 설득력까지 갖춘 스토리로 만들어서 대중에게 보여줄 수 있어야 한다. 즉, 자신이 아이템을 만들면서 쏟아부은 노력에 대한 스토리텔링을 할 수 있어야 한다. KFC가 샌더스 대령의 고생담을 다양한 매체에서 소개하듯이 말이다.

그러니까 〈그림4-1〉에서 보듯이 아이템에는 품질, 차별성 그리고 매장의 위치(장소)와 고객에게 주는 즐거움뿐만 아니라 '재미있고 생생하며 설득력까지 갖춘 스토리'까지 갖춰야만 한다. 이에 대해 저자는 스토리텔링으로 포장이사 전문점 창업을 성공시킨 지인을 소개하겠다.

한영길 씨(가명)는 고객의 집을 방문하여 이사 견적을 냈다 하면 그 중 80% 이상을 계약으로 성사시킨다. 그가 사업에서 발휘하는 스토리텔링은 다음과 같다.

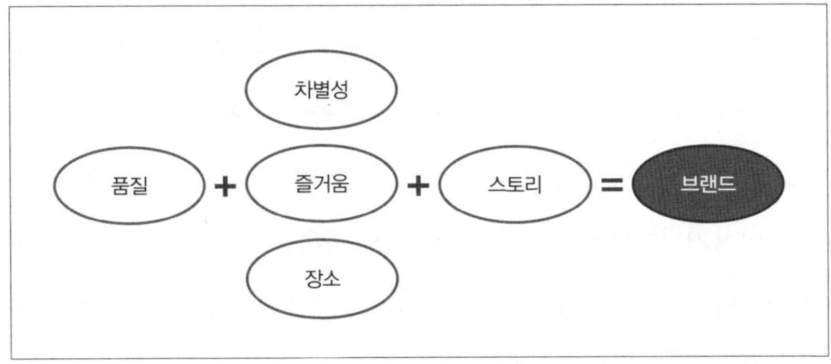

<그림4-1> 아이템 창출 법칙

① 적극성 보이기

한영길 씨는 고객의 집을 방문할 때마다 이사할 때 필요한 사항들을 디테일하게 안내해준다. 그러면서 견적을 낼 때 어떤 과정을 거치고, 어떤 기준으로 산정하는지도 알기 쉽고 소상하게 설명한다. 물론 계약 사항 중에서 고객이 직접 꼼꼼하게 검토해야 할 사항도 빠짐없이 체크해준다. 그러니 고객은 한영길 씨를 상당히 신뢰하게 된다.

② '외로운 능력자'임을 알리기

한영길 씨는 자신이 견적을 본 횟수와 성사시킨 거래 수를 반드시 고객에게 말해준다. 그리고 자신이 매일 얼마나 많은 견적을 보는지, 그 과정에서 얼마나 열정적으로 뛰어다니고 무슨 일을 겪는지까지 고객에게 구체적으로 생생하게 이야기한다. 즉, 고객은 상상도 못하는 재미나고 흥미로운 에피소드들이 이 업계에 있음을 알려주는 것이다.

③ 고객이 우려하는 문제 해결해주기

한영길 씨는 고객에게 자신의 팔과 손을 보여준다. 상처투성이 팔과 손을 본 고객은, "이삿짐을 나를 때 얼마나 힘이 들까!"라는 동정심을 가지게 된다. 한영길 씨는 이어서 포장이사를 할 때의 애로 사항도 이야기한다. 사다리차가 들어가지 못하는 경우도 있고, 이삿짐이 훼손되는 경우도 있다고 설명한다. 그러면서 자신의 업체는 이러한 문제를 말끔하게 처리해주고 있다고 덧붙인다.

④ 도움을 주는 '내 편' 소개

한영길 씨에게는 올해 9살인 딸이 있다. 그가 고객과 상담을 하던 중에 딸로부터 전화가 왔다. 맛있는 것을 사가지고 일찍 들어오라고 딸은 말한다. 통화를 마친 한영길 씨는 자신이 일하는 이유이기도 한 딸 덕분에 행복하다고 말한다.

⑤ 고객에게 특별한 감동 전달

한영길 씨는 이사 작업 때마다 다양한 감동 서비스를 제공한다. 예를 들면, 고객이 이사하는 순간을 사진으로 담아서 제공하는 식이다. 사진 아래에는 한영길 씨의 연락처가 적혀있다. 그리고 새 집에 들여다 놓은 가구에 이상이 없는지 고객과 함께 세심하게 살피거나 통보해준다.

⑥ 자신이 느끼는 '일의 가치' 전달하기

한영길 씨는 "내일은 또 ○건의 이사 작업이 있습니다. 이렇듯 일감이 있어서 행복합니다"라고 말하는 등 자신이 느끼는 일의 가치를 고객에게 전달한다.

한영길 씨처럼 스토리텔링 기술을 익힌다면 당신의 아이템도 살아남는 것을 너머 성공 창업을 할 수 있을 것이다.

남들의 것과는 다른 아이템 찾아내기

당신은 지금 요식업계 창업을 준비하고 있다. 그런 당신의 창업 아이템이 '떡볶이'라고 해보자. 그러면 "어떤 차별화된 아이디어로 떡볶이 시장에 진입할까?" 고민해야 한다. 이미 재래시장의 아줌마들부터 아딸, 죠스, 올떡 등 프랜차이즈까지, 떡볶이 시장도 아주 오래전부터 포화 상태이기 때문이다. "떡볶이? 그거 학교 앞이나 아파트 입구 상가에 자리 잡고, 맛만 잘 내면 되잖아!"라고 생각하면 딱 패망하기 좋다. 그러니 당신의 떡볶이가 빛나게 하기 위한 전략을 개발해야 한다. 그 과정은 〈그림4-2〉와 같다.

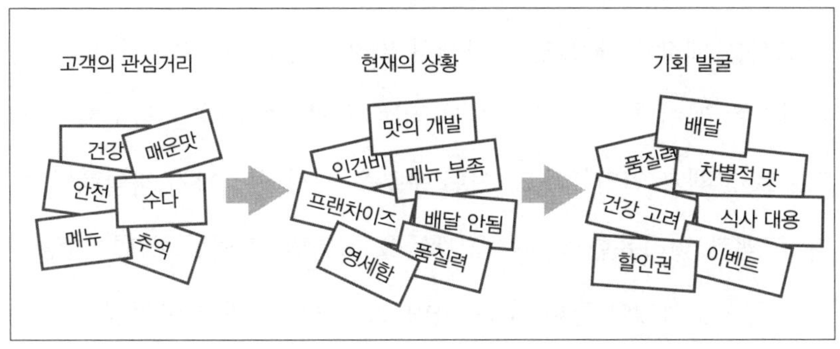

(1) 고객의 관심거리와 현재 상황에서 기회를 발굴하라

떡볶이를 찾는 고객들의 관심거리는 어떤 것일까? 현재 떡볶이 시장은 어떻게 돌아가는가? 〈그림4-2〉에 따라 이런 질문을 하면서 기존 시장의 '틈새'를 찾아야 한다.

① 고객의 관심거리

떡볶이를 찾는 고객들의 관심사는 매콤한 맛, 떡볶이를 먹으면서 친구들과 함께 나누는 수다, 추억, 건강, 메뉴의 다양성 등으로 정리할 수 있다. 물론 이러한 부분에 대해서는 '창업다이어리'를 들고다니며 시장 조사를 함으로써 확인해야 한다. 이 과정에서 '고객의 관심거리'를 50가지 이상 찾은 뒤 가장 중요하다고 보는 것 20가지를 선정한다.

② 현재의 상황

고객은 매장 측에 불만을 자세히 말하지 않는다. 그냥 자기들끼리 이야기할 뿐이다. 그러니 당신이 직접 '창업다이어리'를 들고서 장기적으로 고객과 인터뷰하고, 어떤 부분을 개선해야 할지 파악해야 한다. 고객과 인터뷰한 뒤에는 고객들을 지역별, 직업별, 성별, 연령별로 분류·분석해야 한다. 현재 판매되는 떡볶이 관련 아이템 정보도 50가지 이상 뽑은 뒤, 가장 중요하다고 보는 것 20가지를 선정한다.

③ 기회 발굴

②에서 기회를 찾는 단계다. 여기서는 고민을 반복할수록 좋다. 배달 서비스나 패밀리레스토랑식 이벤트, '직장여성을 위한 맞춤형 떡볶이', 중장년층의 추억을 자극할 메뉴 개발 등 다양한 기획 요소들에 대해 고민하는 것이다. 마지막에 기획 요소를 7가지로 정리한다.

(2) 트렌드, 기술 시장의 임팩트를 찾아라

7가지 기획 요소들을 찾았는가? 그렇다면 이제부터는 '시장이 원하는 떡볶이'를 만들어야 한다. 이를 위해 〈그림4-3〉에서처럼 트렌드 임팩트, 기술 임팩트, 시장 임팩트 등 3대 임팩트에 맞추면서 아이디어들을 쏟아내야 한다.

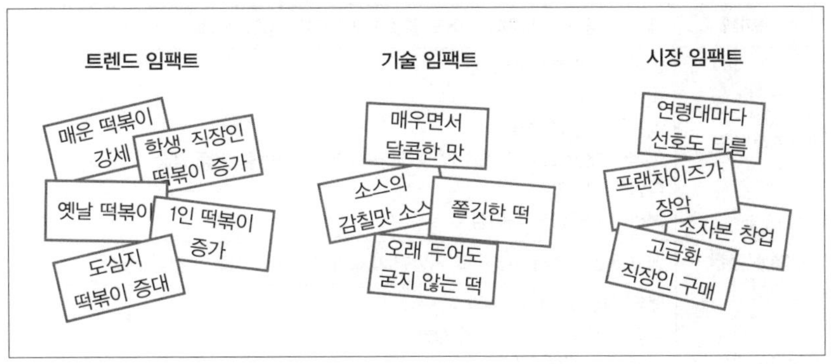

〈그림4-3〉 시장에 맞춤한 아이템을 개발하기 위한 3대 임팩트(사례는 떡볶이)

이 지점에서 저자가 늘 강조하는 것은, **"창업에서는 실행을 위한 기회를 찾고, 그에 따라 전략을 만들어내는 노력이 가장 중요하다"**는 것이다. 아이템(제품·서비스)이 아무리 훌륭해도 시장에 기회가 존재하지 않는다면 소용이 없다. 각설하고, 〈그림4-3〉에 따라 아이디어들을 쏟아냈다면, 〈표4-1〉에 따라 정리해보라. 그러니까 임팩트를 뒤섞어 시장에 진입이 가능한 컨셉을 만드는 것이다.

〈표4-1〉 임팩트에 따라 아이디어들을 정리

구분	임팩트
기회 발굴	배달, 건강, 야식, 치즈나 햄, 카레가루나 올리브유 등을 사용한 프리미엄 떡볶이
트렌드	매운맛에 대한 선호도 증가, 1인 가구 증가, 떡볶이도 한끼 식사 오피스텔 거주민들에 대한 판매량 증가, 옛날맛 떡복이를 찾는 이들도 증가 아딸, 죠스, 올떡 등 프랜차이즈 증가, 맛과 품질의 중요성도 이에 비례하여 증가
기술	매우면서 달콤한 맛, 오래 두어도 굳지 않는 떡, 쫄깃한 떡, 감칠맛 나는 소스, 소포장 기술 등
시장	매운맛 선호도도 연령대에 따라 다름, 프리미엄 떡볶이 메뉴 증가, 야구장이나 수영장 등 다양한 판매처 증대, 프랜차이즈 떡볶이가 강세, 가정용 판매 방식 증대, 농림축산수산부 등 관련 기관의 지원에 의한 아이템의 해외 수출 증대, 식사 대용 떡볶이 증대 등

〈표4-2〉 차별화된 떡볶이 아이템 개발 사례

아이템	맵고 달콤하면서 오래 두어도 쫄깃한 프리미엄 떡볶이(1안)
고객 수요	매우면서 달콤한 맛 선호 떡의 쫄깃함 요구 식품의 안전성·청결성 야식에 대한 요구 증대로 밤 늦게라도 배달이 가능할 것을 원함 다양한 매운맛 보관이나 운반의 용이성
제품 컨셉	맵고 달콤하면서 신선하고 기발한 재료의 프리미엄 떡볶이 컨셉
기술/서비스	매우면서 달콤한 맛 개발 떡의 쫄깃한 맛 유지 방법 개발 위생 관리 방법 개발 재료의 신선도 유지 방법 개발 포장 기술 개발
고객 수익모델	아파트 단지, 직장인들이 거주하는 오피스텔에 배달 대학가·학원가에서 판매

그럼, 이제 〈표4-1〉에 따라 아이디어들을 정리해보자. 그런 다음에는 〈표4-2〉에 따라 차별화된 아이템을 개발하는 것이다.

1안: 맵고 달콤한 맛 + 오래 두어도 굳지 않는 떡 + 프리미엄 떡볶이

2안: 1인 가구 + 직장인용 떡볶이 + 위생적이고 맛의 변화를 최소화하며 휴대하기에도 좋은 소포장 방법 개발 + 배달 떡볶이

3안: 옛날떡볶이 + 쫄깃한 떡 + 가정용 떡볶이

05.
입지의 약점마저 보완해주는 서비스의 힘

박청기 씨(가명)는 대규모 신규 아파트 단지에 대형 슈퍼마켓을 창업했다. 경험은 없지만 입지가 중요하다는 사실은 알고 있던 박청기 씨는, 아파트 단지 옆 큰 대로변에 있는 매장을 계약했다. 신규 입주가 이루어지는 중이라 경쟁 슈퍼마켓이 없다시피했기 때문이다. 그래서 처음부터 커다란 슈퍼마켓을 오픈하더라도 매출은 보장받을 것이라 생각했다. 박청기 씨는 매출이 오른 뒤 권리금을 높게 받고 슈퍼마켓을 넘기는 것도 생각하고 있었다.

그런데 오픈 후 매출은 예상했던 것의 절반에도 못미쳤다. 점점 초조해지고 불안해진 박청기 씨는, 이러다가는 매장 임대료도 못 내겠다는 고민에 빠졌다. 창업한 지 1년 반, 박청기 씨는 슈퍼마켓을 더 이상 운영할 수 없다고 판단했다. 하지만 슈퍼마켓에서 팔기 위해 받아둔 제품들을 바로 처분하기도 어려웠다. '매장 정리를 위한 대박 할인 행사'까지 벌였는데도 말이다. 복덕방에 슈퍼마켓을 매물로 내놓았지만, 인수자가 나타나지도 않았다. 근처에 초거대 주차 시설을 갖춘 대형 마트가 생긴다는 판이라 더욱 그러했다. 박청기 씨는 창업 실패 사례로 전락하고 있었다.

슈퍼마켓은 다양한 제품들을 고객들의 움직임을 고려하거나, 눈에 잘 띄는 진열 방식에 따라 진열해야 한다. 하지만 박청기 씨는 관리하는 데 편리하거나 계산하기 좋은 제품들을 중심으로 진열했다. 또한 박청기 씨는 잘 팔릴 것이라고 독선적으로 판단한 제품들 위주로 갖춰놓았다. 그러니 정작 고객들이 많이 찾는 제품들은 눈에 띄지 않았다. 인건비를 아끼려고 박청기 씨가 직접 카운터에서 물건을 계산하다보니, 이 일이 익숙하지 않아 바코드를 찍는 속도가 느리고 오류투성이었다. 그래서 고객들은 짜증이 났다. 즉, 박청기 씨의 슈퍼마켓은 서비스 면에서 아주 부실했던 것이다.

결국, 박청기 씨의 가장 큰 실수는 고객 중심 서비스가 왜 중요한지를 몰랐던 것이다. **아이템과 매장의 입지보다 더 중요한 것은 고객을 위한 서비스인 것이다.** 그래서 이 글을 정리하면서, 저자의 지인이 사용하는 '생생한 서비스 노하우'를 소개하겠다.

① 고객을 바로 볼 때마다 미소를 지어 친절함을 표현하라

고객과 마주할 때마다 항상 미소를 짓고 친절하게 말하라. 고객이 주문을 한 뒤에도 불편함이 없는지 계속 살피고, 필요한 것을 물어라.

② 주문을 받을 때는 무릎을 굽혀 눈높이를 맞춰라

고객은 의자에 앉아서 주문한다. 그러니 주문을 받는 사람도 무릎을 굽혀서 고객과 눈을 마주치는 것이 좋다. 그러면 고객은 서비스 마인드를 제대로 갖춘 곳이라고 판단한다.

③ '무엇이라도 주는' 서비스를 제공하라

음료 등 간단한 것을 무료로 제공하라. 어느 성공적인 부대찌개 전문점은 부모님을 따라온 어린 손님들에게 돈까스나 피자를 무료로 제공함으로써 평균 권리금이 아주 낮은 상권의 매장을 대박 매장으로 만들었다. 이처럼 상권이 좋지 않은 곳에서 창업한디면, 서비스를 아끼지 말아야 한다.

④ 충성고객에게만 주는 특별 서비스를 제공하라

충성고객, 즉 단골고객을 많이 확보하려면, 그 고객 자신이 특별한 대접을 받고 있다고 느끼게끔 해주어야 한다. 예를 들어, 충성고객이 다른 손님들을 여럿 데리고 온다면 특별 할인가에 아이템을 제공하는 식이다.

⑤ 연인들에게는 영화티켓을 제공하라

연인 고객들이 방문하면 영화티켓을 서비스해보라. 그들이 다시 온다면 "영화는 잘 보셨나요?"라고 물어보라. 매장의 주인이나 종업원이 기억을 해준다는 것 자체가 고객의 기분을 매우 좋게 해준다는 사실을 명심하라.

⑥ 마지막이 기억나게 하라

항상 처음과 마지막이 중요하다. 특히, 고객이 매장을 나갈 때쯤 기억에 남을 만한 서비스를 제공하라. 건강에 좋은 차나 독특한 맛의 음료를 제공할 수도 있고, 사진을 찍어준 뒤 매장의 아주 잘 보이는 곳에 붙여놔주는 이벤트도 좋다.

06.
고객들에게서 '오빠'나
'누나' 소리를 들을 수 있어야

당신의 주변에 사람들이 모이는가? 자기 주변에 사람을 모으지도 못하면서 어떻게 고객을 모은다는 말인가? 혹시 주변 사람들이 당신을 혐오스러워하지는 않는가 생각해봤나? 당신의 머리에서는 비듬이 떨어지고, 입에서는 악취가 나고, 배는 남산처럼 나오고, 옷과 신발은 너덜너덜 하다면 누구도 당신을 신뢰하지 않을 것이다.

그러나 40살을 넘긴 창업자는 대개 외모를 거의 신경 쓰지 않는다. 이는 "저 사람은 자기관리도 못하면서, 어떻게 매장·사업을 운영하지?" 같은 불신을 야기한다. 그래서 창업자는 스페셜리스트의 모습을 제대로 보여줄 수 있도록 꾸며야 한다.

영화 〈타이타닉〉을 떠올려보라. 가난한 화가인 남자주인공이 그를 불쌍히 여긴 귀부인의 도움을 받아 최고급 양복을 입게 된다. 그가 그 차림으로 무도회에 나타나자, 이제껏 그를 무시하던 상류층 사람들이 그를 다른 사람이라 여기며 관심을 보이면서 접근한다. 여주인 공이 할머니가 되고서도 추억하는 낭만적인 첫 데이트도 성공한다. 외적 자기관리를 충실하게 하면 이토록 확연히 다른 사람처럼 보일 수 있다. 자신을 마케팅하기 위한 가장 강력한 수단은 외적인 자기관리를 잘 하는 것이다.

오늘부터라도 당신은 의도적으로 외모를 꾸며야 한다! 누구를 만나더라도 그렇게 해야 한다. 그래야 외모를 꾸미는 것이 습관이 된다. 물론 가급적 젊은이들처럼 새로운 것에 관심을 가지거나 받아들이는 등 역동적으로 생각해야 한다. 그러면서 젊은이들처럼 옷을 입어야 한다. '아저씨'나 '아줌마'라는 말을 듣지 않아야 한다. 창업을 준비한다면 '자기관리를 잘 하는 사람'이라는 평가를 받을 수 있어야만 한다. **나이가 상당히 적은 고객들에게서도 '오빠'나 '누나' 같은 말을 들을 수 있어야 한다.** 그러니 일단 다이어트부터 시작해야 한다. 종합검진 결과 '표준 체중'이라고 나온 정도까지 살을 빼야 한다. 헤어스타일과 패션 등에도 관심을 가져야 한다. 타인을 처음 만났을 때 가장 먼저 보는 것이 외모이기 때문이다. 이를 위해 〈표4-3〉을 참조하라.

외모가 매력적이면 호감도가 증가한다. 이는 확연히 다른 결과로 나타난다. "외모는 곧 경쟁력이다"라는 말을 비난하지만, 정작 그 말을 비난하는 사람들조차 외모가 매력적인 사람에게 더 끌린다는 사

〈표4-3〉 창업자의 외적인 자기관리 포인트

구분	내용
스마트폰	가급적 최신 기종을 사용한다. 고객들은 최신 스마트폰을 보면서 매장 주인이 얼마나 감각적인지를 평가한다.
헤어스타일	전문 헤어샵에 가서 "요즘 유행하는 헤어스타일로 해주세요"라고 주문하라. 헤어디자이너의 추천을 받는 것도 좋다. 가급적 이마를 올리고 다니는 것이 좋다.
옷과 신	고객과 미팅을 할 때는 가급적 정장을 입는 것이 좋다. 그러나 평상시에는 캐쥬얼 스타일로 입는 것이 좋다. 너무 헐렁하거나 퍼진 바지는 피하는 것이 좋다. 핏이 살아있는 바지를 추천한다. 신은 정장에 어울리는 구두와, 일반 바지에 어울리는 신을 구분하는 것이 좋다.
명함 및 지갑, 벨트	고급스러운 명함집과 지갑을 사용하는 것이 좋다. 비즈니스의 첫 단추는 명함이다. 벨트는 검정색을 피하고 갈색 톤으로 분위기를 주는 것이 좋다.
시계	옷 스타일과 어울리는 시계를 착용하되, 화려한 시계는 절대 금물이다.
양말	양말의 색상 등을 최신 유행 스타일에 맞추는 것이 좋다. 고객들은 양말 하나에서도 매장 주인의 감각을 본다. 반드시 구두, 바지와 어울리는 양말을 신어라.
피부 관리	피부는 반드시 관리해야 한다. 질 좋은 화장품을 사용하고, 가급적 향수는 약간만 사용하는 것이 좋다.
안경테	자신에게 어울리는 안경테들을 다양하게 구입한 뒤, 분위기에 따라 번갈아가면서 착용하는 것이 좋다.

실을 부정하지는 못할 것이다. 물론 당신은 회사에 있을 때에는 이를 깨닫지 못했을 것이다. 회사의 직원들, 거래처의 바이어들은 당신의 외모가 아니라 당신의 직함과 회사를 보면서 당신과 일하기 때문이다. 하지만 창업을 하면 당신이 바로 '조직의 대표'가 된다. 대표라는 사람이 차림새가 엉성한, 자기관리를 전혀 안 하는 듯한 '아저씨'나 '아줌마'라면 고객은 즉시 매장을 뜨고 싶을 것이다.

외모를 갖추었다면, 그 뒤에는 관계를 유지시키기 위해 '언어적 자기계발'을 해야 한다. 지속적인 관계를 유지하는 데 필요한 호감도는 첫 만남 당시 상대방의 태도, 행동, 특징, 말씨 등을 통해 형성되기 때문이다. 그러니 자신이 외적으로 조금 부족해도 말씨, 태도, 행동 같은 언어적 요소들을 계발한다면 이를 만회할 수 있다. 반면에 탁월한 외모를 갖췄더라도 말씨, 태도, 행동 등에 문제가 있다면, 상대방과의 더 이상의 관계는 없을 것이다.

그러니까 고객의 마음을 끌려면 제일 먼저 외모를 가꾸고, 태도와 행동과 말씨 등을 개선해야 한다. 물론 '국밥집 욕쟁이할머니'처럼 개성적인 언어를 개발하는 것도 좋다. 그러니 지금 당장 당신이 쓰는 샴푸와 비누부터 최신 유행하는 것들로 교체해야 한다. 감각이 예민한 사람들은 그런 냄새부터 귀신같이 맡으니까 말이다.

07.

'소통 마케팅'을 개발하라

마케팅 전략은 창업의 성공을 결정짓는 요소다. 특히, 고객들과 소통하는 식의 마케팅은 매우 효과적이다. 만약 당신이 요식업계에서 창업을 한다면, 공격적으로 고객들과 소통하는 마케팅을 펼쳐야 한다. 이에 대해 저자는 일단 지인들의 사례를 소개하겠다.

① 최민희 씨(가명)는 입지가 안 좋은 곳에 제주산 돼지고기 전문점을 창업했다. 최민희 씨는 메뉴를 '구이'로 단일화하고, 종업원이 직접 구워주는 서비스를 도입했다. 곧 '줄서서 기다리는 맛집'이 되었던 바, 성공 비결은 각 종업원이 자기 테이블만을 전담 관리하는 시스템을 도입했기 때문이다. 즉, 해당 테이블

에서 부족한 부분이나 고객에게 필요한 것을 세심하게 관리해 주었기 때문이다.

② 박철남 씨(가명)는 전라북도 무주 근처에서 펜션을 오픈했다. 진입하기가 불편한 곳에 펜션을 지었는데도, 박철남 씨는 적지 않은 매출을 올리고 있다. 이 펜션을 한 번 방문한 고객들이 또 다시 찾기 때문이다. 비결은 박철남 씨가 펜션의 텃밭에서 직접 재배한 농작물을 이 펜션을 한 번이라도 이용한 고객들에게 늘 택배로 보내주며 고객 관리를 한 덕이다.

이렇듯 고객과의 끊임없는 관계 마케팅을 설정하면 고객들을 계속 붙잡을 수 있다. 이는 요즘 고객들의 다음과 같은 특징들 때문에도 가능성이 있다.

① 트렌드가 자주 바뀌고, 젊은이들이 시장을 주도한다.

② 젊은 사람일수록 혼자 여행하고, 혼자 즐기는 것에 익숙하다. 그러면서 스마트폰을 활용해 SNS나 블로그상에서 새로운 만남이나 추억을 함께 나누는 활동을 활발히 진행하고 있다.

③ 세대에 따라서 좋아하는 것이나 관심사가 세분화되는 추세다.

④ 매장의 분위기와 종업원의 서비스에 따라 구매를 결정하는 편
   이다. 그래서 이런 점과 관련된 체계적인 시스템과 상세한 매
   뉴얼을 이미 갖추고 있는 프랜차이즈가 소자본 자영업자들보
   다 훨씬 더 유리한 것이다. 심지어 어떤 젊은 고객은 "내가 어
   디에서 무엇을 먹고 마시는지가 바로 내 가치를 결정해준다"
   는 생각마저 가지고 있다.

그래서 요즘에는 프랜차이즈들은 물론 소자본 자영업자도 충성고
객들의 생일과 기념일을 챙기고, 할인카드를 제공하거나, 온라인 판
매 시 정성스러운 손글씨로 작성한 카드를 동봉한다. 물론 이런 것만
으로는 충분히 차별화를 할 수 없기 때문에 다음과 같은 수단도 활용
해야 한다.

(1) 국밥집의 욕쟁이할머니처럼
   고객들에게 털어놓으며 소통해야 한다

여러 셰프들이 TV 프로그램에 출연해서 시청자들로부터 인기를
얻고 있다. 시청자들이 크게 열광하는 이유 중에는 셰프들이 자기만
의 독특한 레시피들을 공개하기에 새로운 요리 관련 정보를 구할 수
있고, 셰프들이 직접 조리하는 과정도 흥미진진하기 때문이다.

사실, 이전까지는 셰프들이 레시피 공개를 꺼렸다. 자신의 노하우이자 경쟁력이고, 그래서 남들이 모방하는 걸 두려워했기 때문이다. 오죽하면 "며느리에게도 안 가르쳐준다"고 했겠는가!

하지만 TV 프로그램에 출연한 셰프들이 자신과 음식점을 홍보하는 데 성공하자, 이에 대한 분위기가 긍정적인 쪽으로 기울어지기 시작했다. 심지어 어느 유명 셰프는 자신이 하는 프랜차이즈 사업체의 인지도와 호감도를 크게 상승시켰다. 즉, TV 프로그램에 출연함으로써 잠재고객들과의 소통 마케팅에도 성공한 것이다.

이러한 사례는 고객과의 소통 마케팅이 얼마나 중요한지를 일깨워준다. 그렇기 때문에 **매장의 대표는, 특히 요식업계의 대표는 고객들과 적극적으로 소통해야 한다.** '욕쟁이할머니'로 알려진 국밥 전문점 주인 할머니도 실제로는 '우리 할머니 같은 느낌을 주는 마케팅'으로 고객들과의 소통에 성공한 사례인 것이다.

(2) 대표는 카운터나 지키면서
종업원들에게 호통만 치면 안 된다

요식업은 고객이 직접 아이템을 구매하는 판매 활동이다. 즉, 그 자리에서 만들면서 판매하는 비즈니스인 것이다. 그래서 철저히 고객과 대표(그것이 어렵다면 '매뉴얼을 익힌 종업원')의 일대일 마케팅 전략으로 운영해야 한다. 이러한 장점을 잘 활용하면 요식업계의 왕이 될 수 있다.

하지만 대부분의 창업지망생은 저자의 이런 주장을 듣자마자 고개를 절래절래 흔든다. 그러면서 이미 시스템을 구축하고 매뉴얼을 갖춘 프랜차이즈를 선택한다. 프랜차이즈 본사에서 교육·훈련받은 대로 하면 고객들을 쉽게 모을 수 있다고 생각하기 때문이다. 심지어 프랜차이즈 본사가 홍보·마케팅 활동도 대신 해준다고 믿는다. 그런 이들은 숫제 "어차피 제가 돈만 내면 프랜차이즈 본사에서 다 알아서 해줄 텐데요. 손님들 얼굴 볼 일이 있겠어요?"라고 말함으로써 저자를 어이없게 한다.

요식업을 비롯한 서비스 업종에서는 '대표가 직접 고객들과 소통하는 것'이 가장 효과적인 마케팅 수단이다. 대표가 직접 고객에게 친근하게 다가가 물어보고 살펴준다면 매장에 대한 고객의 신뢰도는 높아진다. 사실, 해당 매장을 방문한 고객이 "여긴 어쩐지 다르다!"는 생각이 들어야 다시 올 생각도 들기 마련이다. **극장에서 보고도 케이블TV로도 또 보고 싶어지는 영화는 '그 감동이 머릿속에 오래 남는 영화'이듯이 말이다.**

아직 시스템이 완벽하게 구축되지 않았고, 종업원들이 매뉴얼을 완전히 숙지하지 못한 창업 초창기에는, 그만큼 대표의 정성이 중요하다. 그러니 가만히 카운터에 앉아 "엣헴!" 하며 계산만 하는 대표의 모습을 보이지 않아야 한다. 열심히 뛰어다니는 종업원들에게 호통이나 치면서 돈 계산만 하는 주인장의 모습은 고객들의 눈에 별로 좋지 않게 보인다. 다시 강조하는데, **대표가 직접 고객들을 만난다는 것은 곧 엄청난 마케팅 기회이기도 하다.** 숫제 고객을 만나고 싶어도 그럴 기회가 없는 대표들도 허다하기 때문이다.

물론 색다른 메뉴판을 제시한다거나, 마음이 즐거워지는 명언을 벽에 붙이는 것도 좋은 마케팅 방법이기는 하다. 하지만 불고기용 불판이 지나치게 타기 전에 음식점 주인장이 직접 갈아준다든가 하는 것에 비하면 한참 모자란다. 특히 단골고객을 계속 유지하고자 한다면 TV 프로그램에 출연하는 셰프들이 그러하듯이 서비스로 제공되는 밑반찬의 레시피 등을 알려주는 것도 좋다.

08.

영업은 직접 해야 한다

누군가가 당신에게 "가장 잘하는 일(분야)이 뭔가요?"라고 물으면, 당신은 뭐라고 대답할 것인가? 당신이 남들보다 특별히 잘하는 게 있다면, 그 분야에 관한 창업을 시도해보는 것이 좋다. 그러니까 **당신이 지금까지 관심을 가져왔고, 또 전문성도 갖춘 분야에 관한 창업을 해야 성공한다.** 누군가가 뜬다고 말한, 당신에게는 '듣지도 보지도 못한' 분야에 관한 창업을 한다? 결국 창업 후에 땅을 치며 후회하는 사태로 이어진다.

그래서 당신이 관심을 가져왔고 전문성도 갖춘 분야에 관한 창업을 준비한다고 해보자. 그럴 경우에도 성공 가능성을 높이려고 노력해야 한다. **이를 위해 관리자로서의 마인드와 더불어, 창업한 분야의 시**

장까지 볼 줄 아는 마케터(영업자)의 역량도 갖춰야 한다. 비즈니스의 90% 이상은 '고객을 설득하는 과정'이기 때문이다. 그러니 창업자는 영업력까지 갖춰야 한다. 창업자 스스로 영업을 할 줄 모르면 절대로 비즈니스를 성공시킬 수 없다. 더군다나 당신이 창업한 제품·서비스에 관한 내용은 당신이 누구보다 더 잘 알지 않는가. 당신은 창업 전에도 그 제품·서비스에 관한 관심이 있었고, 전문성도 갖췄으니 말이다.

특히 창업 초기에는 대표가 늘 낮은 자세로 고객들을 직접 만나야 한다. 그런데 창업자 중에는 '고객을 만나는 건 종업원들이 해야 할 일'이라고 생각하는 이들이 많다. 일인출판사를 차리면서 '영업전문가'를 영입하는 경우가 대표적이다. 독서실을 열면서 '낮총무와 밤총무'에게 내맡긴 채, 정작 주인장은 다른 일을 보다가 수금이나 하러 오는 경우도 그렇다. 그렇듯 **'영업 담당 종업원을 채용하면 된다'는 것은 정말로 후안무치하고 안이한 사고방식이다.**

말이 나온 김에 입장을 바꿔서 생각해보라. 자신에게 영업 능력에 더해 거래처 네트워크(영업망)까지 있는데, 왜 남의 밑에서 일하겠는가? 심지어 어느 출판계 원로 대표는 "책상 앞에 앉아있는 시간이 많은 편집자보다, 서점들을 많이 돌아다녀야 하는 영업자가 출판사를 차리면 성공할 가능성이 높다"고 했다. 그러니 대표는 영업에 관한 책임을 절대로 '영업 담당 종업원'에게 전가하면 안 된다. 만약 종업원에게 영업 관련 책임을 맡겨둔다면, 그 종업원은 훗날 당신의 거래처 네트워크를 들고 나가 신규 창업을 할 것이다. 그러니 거래처 네트워크는 대표인 당신이 직접 관리해야 한다.

저자의 지인인 안문호 씨(가명)는 아주 어릴 때부터 컴퓨터를 좋아해서 조립 컴퓨터 판매 사업을 시작했다. 안문호 씨의 사업은 순조롭게 성장했고, 마침내 개인들은 물론 기업에도 컴퓨터를 납품할 수 있게 되었다. 그런데 안문호 씨는 주문에 따라 컴퓨터를 조립하는 일이 더 중요하다고 생각했다. 그래서 영업은 종업원에게 전담했다. 나중에 그 종업원이 관두더니 신규 창업을 했다. 그러자 안문호 씨의 거래처들이 일제히 그 종업원이었던 사람의 업체와 거래하기 시작했다. 그 종업원이던 사람이 안문호 씨의 영업망을 총괄 관리했었기 때문이다. 거래처가 다 사라진 안문호 씨는 문을 닫았고, 구직 끝에 그 종업원이었던 사람의 업체에 취업했다. 사장과 종업원이 뒤바뀐 것이다.

김밥 한 줄을 팔더라도, 그것을 팔 수 있는 거래처를 확보한 후에 창업해야 한다. 당신의 제품·서비스를 팔 곳을 확보하지 못했다면 창업을 시작해서는 안 된다. "지금 당장 시작한 뒤에 고객들을 찾아도 늦지 않을 겁니다! 자신도 있고요!"라는 창업지망생도 있지만, 저자는 그런 분에게 "그럼 알아서 하세요"라고 말하면서 미팅 자리를 나와버린다. 소자본으로는 새로운 거래처를 신속히 만들 수 없기 때문이다. 소셜커머스 서비스로 유명한 '티몬'의 최초 거래처도 대표의 지인들이 운영하는 음식점들이었음을 명심하라.

그러니 적어도 6개월간 수익을 만들어줄 예비 고객들을 장사를 시작하기 전에 확보해야 한다. 그런 역량이 부족한 창업지망생은, 장사를 시작한 지 한참 나중에도 고객을 확보할 수 없다. 당신이 장사를 시작한 뒤에도 당신에게 새로운 고객들을 확보할 수 있는 영업 능력이 없다면, 주변 사람들도 당신에게 도움을 주거나 관심을 보이지 않을 것이다.

09.
돈보다 '즐거움'이 버티게 해준다

직장인에게는 '정년 같은 건 신경쓰지 않고 일할 수 있는 일자리'가 꿈이다. 그래서 창업을 그런 일자리로 보는 이도 있다. 그런 이들은 "이 일을 평생 하면서 내 가치를 깨닫고 행복해지련다"고 마음을 먹기 마련이다. 하지만 의사나 변호사 같은 전문직 종사자마저 자신의 일이 만족스럽지는 않다고 한다. 심지어 자신이 가족들을 위해 돈을 버는 기계라는 생각마저 들 때도 있다고 한다.

어리둥절하겠지만, 일반인들에게 "평생 직장을 보장받는다"고 알려진 공무원도 마찬가지다. 공무원들도 매일 똑같은 일과 일상이 반복되니 지겹다고 푸념한다. 하지만 그런 공무원들에게 공무원 시험을 준비하는 이들은 말할 것이다.

"그렇게 지겨우면 나가주세요. 저희가 대신 할게요."

2015년 처음 시행된 '민간 경력 7급 국가공무원 시험' 합격자 80명 중 30대가 70%에 이르렀다. 그런데 이들은 대개 대기업 직원, 연구원, 박사, 회계사 등이었다. 연봉이 그전 직장의 것에 비하면 반 밖에 안 될 텐데도 그들은 왜 공무원이 되려고 했을까? 그 이유는 직장에서 나가게 될 걱정을 하지 않아도 되기 때문이다.

그런데도 그토록 어렵사리 공무원이 된 사람들이 자신의 처지를 왜 지겨워할까? 그 이유는 공무원들도 '자신이 하는 일의 가치를 평가하면서 즐겁게 일하는 것이 불가능하기 때문'이다.

이러한 사례는 '안정적으로 일할 수 있다는 것'이 우리가 일하는 궁극적 이유가 아님을 보여준다. 저자는 직장인에게든, 전문직 종사자에게든, 공무원에게든 "당신이 지금 하는 일이 가치를 추구할 수 있는 일인가요?"라고 묻는다. 그러니까 "그 일은 당신에게 어떤 도움이 되는가?", "퇴직 후에도 그 일과 비슷한 일을 계속 할 수 있는가?"를 따져보라고 권한다. 만약 "그렇다"면, "그 일의 가치가 늘어나고 있다고 느낀다"면 당신은 지금 하는 일이 괜찮거나 좋다고 여겨야 한다.

이는 자영업자에게도 해당되는 이야기다. 시장의 손바닥만한 매장에서 야채호떡이나 꼬마김밥을 팔더라도 찾아오는 고객이 늘어나는 것을 보면 즐거워진다고 한다. **노년에 세계적인 치킨 프랜차이즈인**

KFC를 창업한 샌더스 대령도 다양한 양념들을 배합해본 뒤 마침내 손님들이 특정 양념으로 염지한 치킨을 찾아주기 시작했을 때부터, 그 치킨이 날개 돋힌 듯 팔리기 시작했을 때부터 자기가 하는 일이 즐겁고 행복했다고 한다. KFC 매장 앞에서 하얀 정장 차림에 환한 미소로 고객을 맞이하는 샌더스 대령의 인형은 바로 그 시절의 모습인 것이다. 고객이 늘어나는 것을 직접 보면서 "고객과 만나는 게 즐겁다!"는 상황, 바로 행복한 상황인 것이다.

아울러 회사원 생활이 안정적이고 만족스러울지라도, 당신은 직장을 나온 뒤에도 30년간 더 일할 수 있는 아이템을 찾아야 한다. 지금의 '안정'을 회사는 보장해주지 않기 때문이다. 당신이 회사에 쓸모 없는 자라는 판정이 내려진다면, 당신은 즉시 퇴출될 것이다. 그러니 여유가 있는 지금, 고생스럽겠지만 '창업다이어리'를 10권 마련해놓고 '가치 있을 것 같은 일'을 찾기 시작하라.

이쯤에서 저자의 말을 정리해주겠다. 당신이 20대 청년이든 40대 중년이든 직장인이자 창업지망생이라면 반드시 찾아야 할 것이 있다. '당신이 나중에라도 지속적으로 일할 수 있는 아이템'이 바로 그것이다. 그러니까 '70세가 되어서도 계속 할 수 있는 일'을 말하는 것이다.

물론 앞장에서도 말했듯이 저자는 "가능하다면 직장 생활을 계속 하라!"고 창업지망생들에게 강력히 권한다. 단지 직장 생활을 지속할 수 없는 '부득이한 경우'에 대비하여, 그러니까 지금으로부터 3년 뒤, 5년 뒤의 자신을 내다보고 '준비 기간'을 가지라는 것이 이 장의 요지인 것이다.

당신이 직장 생활을 하는 회사의 바깥은 '상상 이상으로 치열하고 가혹한 경쟁이 이루어지는 시장'이다. 회사라는 울타리 안에 있는 당신이 보기에 '더 좋아 보이는, 현재의 지긋지긋한 삶에서 벗어나게 해줄 비상구' 같은 그것이 말이다.

차라리 회사에서 살아남기 위한 자기계발을 열정적으로 하는 것이 더 나을 수도 있다. 즉, 남들이 술을 마시거나 게임을 할 때, 자기계발서든 인문교양 서적이든 경영학 서적이든 책을 한 권이라도 더 읽도록 하라.

그래도 회사에서 조만간 퇴출될 것 같은가? 뛰어난 스펙을 보유한 후배들에게 밀려 선배들, 동기들이 하나하나 회사에서 사라지는 것이 보이는가? 바로 그럴 때 창업을 본격적으로 준비해야 한다. 그러면서도 바로 이 진리를 늘 가슴속에 새겨두어야 한다. "창업은 직장 생활보다 열 배는 더 어렵다"는 사실 말이다.

10.

고객과의 소통이 '1%의 부족'을 찾아준다

성공적인 창업 아이템을 만들려면 가장 먼저 해야 할 일이 있다. **'목표 고객들이 어떤 행동을 하는지 잘 관찰하는 것'**이다. 또한 그 과정에서 목표 고객들과 소통을 해야 한다. 그러면 기회로 삼을 만한 **'목표 고객들의 수요'를 찾아낼 수 있다.**

"뭐 이렇게 단순해?"라며 웃고 있는 당신, 앞서 소개한 '누룽지 통닭구이'의 대표도 이런 과정을 거쳤기에 성공할 수 있었음을 명심하라. 물론 이론과 현실은 다르다. 그래서 '누룽지 통닭구이'의 대표도 많은 고생을 했다고 한다. 더군다나 수많은 창업자들과 창업지망생들이 어떤 아이템(목표 고객층)을 선택할지, 어떻게 조사해야 하는지조차 모르다 보니, "어휴, 귀찮아!"라면서 이런 과정을 생략하고 '직감'

혹은 '누군가에게서 들은 말'만으로 창업을 시작한다. 당연히 이는 반년도 안 되어 보증금을 날리는 것은 물론, 대출로 인한 빚까지 진 채 망하는 원인이 된다.

이렇게까지 설명해도 목표 고객들의 수요를 왜 조사해야 하는지 모르겠는가? 그렇다면 창업을 하지 말라. 이런 상태로 창업을 하면 당신은 고객들을 무시함으로써 최악의 상황을 만들 것이기 때문이다. 대다수 창업자들이 장사를 시작할 때 떠올린다는 이른바 '영감'이라는 것은 그냥저냥 '자신의 생각'일 뿐이다. 창업 후 망하지 않으려면 Part 1에서부터 저자가 누누이 말했듯이 창업 준비 과정에서 반드시 철저히 조사 해야 한다. '창업다이어리'를 10권 이상 써야 하는 것이다. '목표 고객들은 무엇을 좋아하는가?'에 따라 정보를 수집하고, 트렌드를 파악해야 한다.

물론 목표 고객들의 수요를 조사하는 창업지망생들이 없는 것도 아니다. 하지만 그들 중 대부분은 창업 관련 기관이 제공하는 정보에 주로 의존한다. 그런데 이조차도 최신 정보가 아닌 경우가 많다. 그렇다면 유통기한이 지난 식품처럼 오히려 해로울 수도 있다. '최신 정보'일지라도 조사 방식의 문제 때문에 현실과 동떨어지거나, 정작 당신에게는 불필요한 정보일 가능성도 높다(그 정보를 수집·조사시킨 사람·조직의 관심사가 당신의 것과 다를 수 있기 때문이다). 신문 기사를 스크랩했더라도, 그 '기사'라는 것조차 프랜차이즈 본사 직원 등 관계자들이 제공한 보도자료 등을 고스란히 실은 것일 수도 있다.

그러니 직접 '창업다이어리'를 들고 목표 고객들을 만나봐야 한다. 그래야 목표 고객들의 의견도 제대로 수렴해볼 수 있다. 그 과정에서 당신은 다음과 같은 정보를 모아야 한다.

① 당신이 창업하려는 아이템·분야에서 다른 사람들은 얼마만큼의 수익을 올리고 있는가?

② 당신이 창업하려는 아이템·분야의 최신 트렌드는 어떤 것인가?

③ 당신이 창업하려는 아이템·분야에서 소자본으로 창업한다면 어떤 장점을 누릴 수 있는가?

④ 당신이 창업하려는 아이템·분야는 어던 곳에 자리를 잡고 창업을 해야 대박을 낼 수 있을까?

다시 강조하는 바, **당신은 이런 질문들을 하면서 직접 고객들을 만나보거나 분석하려는 노력을 기울여야 한다. 남들에게서 정보를 제공받고, 그것에만 의존하려고 해서는 안 된다.** 그래서 "창업자에게는 전략가로서의 자질이 필요하다"는 것이다. 왜 창업지망생과 기존 창업자를 대상으로 한 《손자병법》 강의 같은 것이 지금도 활발히 이루어지고 있겠는가!

인터넷 댓글에서 찾는 아이템

또 다시 '다이어리 10권'을 강조하면서 말하노니, 좋은 아이템은 머리에서 나오는 것이 아니라 실제 경험에서 나온다. 즉, 창업 아이템은 고객들을 고질적으로 괴롭히는 문제들을 해결해줄 획기적인 제품·서비스를 내놓는 것이다.

이런 아이템을 찾으려면 잠재고객들이 모인 곳에 직접 방문해서 인터뷰하거나, 그러한 고객들을 관찰하고 그들이 불편해하는 것을 메모해야 한다. 도요타자동차의 대외적인 이미지를 높여준 복지차량인 웰캡Welcab은 장애가 있는 아이의 부모님들의 일상과, 그분들이 장애인 학교에서 겪는 불편을 도요타자동차의 개발 부서 직원들이 직접 관찰함으로써 탄생한 제품이다.

그런데 굳이 이렇게 직접 발품을 팔지 않아도 고객들을 관찰할 수 있는 방법이 있다. 포털사이트의 뉴스나 유명 블로그·카페의 게시글에 달리는 댓글들을 유심히 관찰해보는 것이다. 그렇게 하면 잠재고객들이 무엇에 관심을 보이는지, 어떤 문제를 가지고 있거나 무엇 때문에 불편해하는지 파악할 수 있다.

강미윤 씨(가명)는 의류 관련 창업에 관심이 많았다. 그래서 아이템을 찾던 중 수입 명품 의류를 저렴하게 파는 컨셉의 아이템을 기획했다. 그런데 의류 사업을 하다보면 재고 처리가 어렵다는 단점이 있음을 알게 되었다. 특히 명품 의류는 제조사에서 구매하는 단가가 높다. 그래서 재고는 손실로 이어질 가능성이 크다.

강미윤 씨는 해결책을 명품 의류를 직접 거래하는 사람들이 모여서 의견과 고충을 나누는 인터넷 카페의 게시글들과 댓글들에서 찾았다. 즉, 고객들이 먼저 카달로그나 홈페이지에서 보고 제품을 결정해주면, 그것을 강미윤 씨가 대신 구매해주는 식으로 운영하기로 한 것이다.

강미윤 씨는 예전부터 구매 전문 업체들과 네트워크를 구축하고 있었기에, 값싸고 질 좋은 제품을 신속하게 구매할 수 있었다. 그래서 많은 단골들을 확보할 수 있었다. 물론 재고 문제 때문에 골머리를 앓을 일도 없었다.

새로운 창업 아이템은 이렇듯 기존의 판매자들과 소비자들을 괴롭히는 문제를 해결해줄 묘안을 찾는 과정에서 나올 수 있다. 즉, 창의적인 창업자는 남들의 불평불만에서 획기적인 아이디어·아이템을 구할 수 있다.

3번은 실패해야 해답이 보인다

우리가 최선을 다할 때, 우리 자신이나 타인의 삶에
어떤 기적이 나타날 것인가? 그것은 아무도 모른다.

헬렌 켈러(미국 사회사업가 겸 작가)

01.

직장에서 고객·종업원·매장
관리 노하우를 익힌다

2014년 9월, 〈뉴욕타임스〉는 '샌디에이고 시니어 육상 대회'에서 100m를 26.99초로 달림으로써 '27초의 벽'을 깬 할아버지 선수를 소개했다. 그 할아버지의 나이는 무려 100세였다. 그는 당신의 나이에 맞춘 훈련을 반복함으로써 그러한 기록을 달성했다고 한다. '시니어 육상 대회의 벽인 27초를 깬 할아버지'가 되기 위해서였다.

이 할아버지와 달리 대부분의 창업자와 창업지망생은 자신이 세운 목표를 쉽게 달성하기를 원하고, 그렇게 되지 못하면 쉽게 포기한다. **'모든 게 한방에 이루어진다!'는 생각이 너무나 쉬운 포기로 이어지는 것이다.** 하지만 성공한 창업자들은 '단 한방으로' 성공하지 않았다. KFC의 창업자인 샌더스 대령처럼 시련과 실패를 경험하면서 다시 일어났기에 그럴 수 있었던 것이다(물론 성공한 창업자 중 상당수는 자서전이라든가 인터뷰 내용에 그런 이야기를 넣지 않는다. 자신의 이미지를 극대화하기 위해서다. 설령 넣더라도 편집자나 기자가 빼는 경우도 있다. 그래서 창업지망생인 독자들이 환상에 쉽게 빠지는 것이다).

저자의 지인이자 직장인이던 고민우 씨(가명)도 2015년 초에 스테이크하우스를 차렸다. 고민우 씨는 1990년대 말엽의 IMF 사태 때 어느 지방대학을 졸업하고 대기업에 입사했다. 지방대학 출신이 우리나라 굴지의 대기업에, 더군다나 IMF 사태 때 입사했으니 주변에서 찬탄이 자자했다. 하지만 언제부터인가 고민우 씨는 "회사의 일은 타인의 일일 뿐이다"라고 생각하게 되었다. 더군다나 입사 동기들이나 선배들이 과도한 업무로 고생하다가 병이 들거나 승진에서 밀려 반강제로 퇴직하는 것을 보면서 "이건 아니다!"라는 생각도 가졌다.

고민우 씨는 13년의 직장 생활을 청산하고 창업에 뛰어들었다. 지방대학 출신임에도 대기업에 입사했었기에 자신감이 충만했다. 그래서 길목이 좋은 매장을 발견하자마자 바로 계약하고 프랜차이즈 갈비 전문점을 창업했다. 이쯤에서 예상하겠지만, 고민우 씨의 창업은 실패했다. 프랜차이즈 본사에서 시스템 관련 교육도 받고, 그에 따라 종업원들에게 매뉴얼도 숙지시켰다. 하지만 대학 졸업 후 이때까지 월급쟁이로 살아온 그는 자영업 관련 노하우가 없었다. 고객·종업원 관리는 제대로 안 되고, 서비스는 엉망이었다. 당연히 고객들의 불만은 엄청났고, 한 번 왔던 고객은 다시는 오지 않았다. 결국 직장인일 때 모아둔 3억 원을 고스란히 날렸다.

그제서야 고민우 씨는 깨달았다. 자신이 회사에 다닐 때처럼 종업원들도 "이 음식점의 일은 주인장의 일일 뿐 내 일이 아니다"라고 생각했던 것이다. 하지만 프랜차이즈 본사에서는 이러한 사실과, 이에 대처할 방법을 알려주지는 않았다. 그래서 다시 창업 준비를 하는 고민우 씨는 요즘 **"창업을 생각하는 직장인이라면, 프랜차이즈를 통해 통크게 시작하지 말고, 작은 매장으로 시작하라"고 조언하고 있다. 이는 자기만의 고객·종업원·매장 관리의 노하우를 익히기 위한 것이다.** 이렇게 하면 단골고객이 늘고 매장도 성장해가는 것을 보는 즐거움도 누릴 수 있다.

그런데 저자는 고민우 씨처럼 직장 생활을 하다가 프랜차이즈로 장사에 뛰어든 창업자를 볼 때마다 속으로 혀를 차곤 했다. 그들 중 상당수가 직장에서 좋은 노하우를 배울 수 있는 기회를 놓쳤기 때문이다. 대다수의 창업자들은 직장에서 조직 운영, 고객·종업원 관리 노하우를 배울 수 있다. 즉, **자신에게 주어진 일만 꾸역꾸역하면서 월급이나 받아가야겠다고 생각하지 말고, "회사의 일도 곧 내 일이다!"라는 생각으로 바이어들과 후배 직원들을 대한다면,** 그것이 자영업자로서 창업할 때 좋은 자산(노하우)이 될 것이다.

02.
반드시 채용해야 할 사람,
절대 채용하면 안 되는 사람

창업하는 사람에게 가장 어려운 일은 '종업원'을 뽑는 일이다. 앞장에서 고민우 씨의 경우처럼 "직장의 일은 내 일이 아니다"라는 생각을 하기 일쑤다보니, 정작 고객들이 보기에도 대표만 일하고 있는 경우가 허다하기 때문이다. 사고뭉치나 '자신이 할 일을 남에게 미루고 잘난 척이나 하는 건달 같은 자'를 뽑으면 정작 내보내기도 전에 이미 당신 매장이 망해있을 수도 있다.

한 예로, 저자의 지인인 홍혜성 씨(가명)는 독서실을 아주 저렴한 권리금만 주고서 인수했다. 심지어 그곳에 구비된 냉난방기, CCTV, 컴퓨터들, 정수기 등 시설들까지 전부 포함한 것이었다. 지나치게 싸지 않느냐고 저자가 물었더니, 지인의 답이 이러했다.

그 독서실의 대표는 독서실 리모델링 전문업자였다. 그래서 그 독서실은 사실상 '모델하우스' 역할을 하는 곳이자 부업이었을 뿐이다. 하지만 그가 '친한 후배'를 독서실 관리인으로 고용하면서 일이 잘못되기 시작했다. 그 후배가 독서실의 관리용 사무실을 마치 PC방처럼 이용하고, 심지어 친구들을 초대해 그곳에서 놀기까지 한 것이다. 이렇듯 제대로 관리가 안 되니 학부모들은 아이들의 독서실을 옮겼고, 결국 문을 닫을 수밖에 없었다는 것이다.

그래서 종업원·아르바이트생을 뽑는 일은 결혼할 사람을 찾는 것만큼이나 신중해야 한다. 그래서 대표에게는 이력서·면접을 보는 노하우가 필수적이다. 물론 사람을 보는 기술은 다양한 사람들을 만남으로써 늘어나는 것이니, 직장 생활을 할 때 키워나가는 것이 좋다. 일단 다음과 같은 점을 주의하라.

반드시 채용해야 할 사람

① 불합리하더라도 자신의 일을 하면서 남을 설득하려는 사람

② 새로운 것을 받아들이면서 공부를 게을리하지 않는 사람

③ 자기가 하는 일을 즐거워하면서 재미까지 추구하는 사람

④ 대표나 선배·동료로부터 비법을 배우려는 사람

⑤ 아끼고 저축하는 습관을 가진 사람

⑥ 자신을 낮추고 겸손한 사람

절대 채용해서는 안 되는 사람

① 불평불만을 늘어놓으면서 정작 자신은 실행하지 않는 사람

② 다른 이들과 어울리려고 하지 않는 사람

③ 처우·급여에 대한 불만이 강한 사람

④ 타인의 말을 듣기보다는 자기 말만 하는 사람

⑤ 상사·동료를 험담하고 조직 내에서 자기 세력을 만들려는 사람

⑥ 자신의 잘못을 지적받으면 핑계를 늘어놓는 사람

사실, 창업자들과 이야기를 나눠보면 인재에 대한 기준이 대체로 일치한다. 즉, "종업원급 인재는 따로 있다"는 것이다. 그런 종업원은 바로 자기가 하는 일에서 무엇이든 배우려는 사람이다. "언젠가는 나도 창업하겠다!"는 꿈을 달성하기 위해 급여는 낮더라도 경험을 소중하게 생각하는 사람이다. 그런 사람은 역량이 부족하더라도 반드시 채용해야 한다. '주인의식'이 있기 때문이다.

'주인의식'은 가장 중요한 요소다. 대다수 종업원·아르바이트생들은 "어차피 급료를 많이 받는 것도 아닌데, 적당히 일하다가 그만두면 된다"고 생각하기 때문이다. 그러니 앞서 소개한 독서실 관리인처럼 윤리의식과 책임감이 부족한 자가 많다.

그럼 어떻게 해야 할까? 큰돈을 쥐어주어야 할까? 그보다도 "자네가 여기서 한 일이 자네의 경력이 될 수 있네"라는 식으로 가치를 심어주어야 한다. 그러면 이력서나 자기소개서에 한 줄이라도 더 넣기

위해서라도 주인의식을 갖고 일할 것이다.

물론 급여 대비 역량이 높은 종업원을 뽑고 싶을 것이다. 그러나 종업원을 기계나 가축처럼 활용만 하고 제대로 성장시키려고 하지는 않는다면, 그 종업원은 결국 다른 매장으로 이직하거나 자기 매장을 창업할 것이다.

사실, 초일류 대기업에 입사한 사람들이 1년도 못 되어 그만둔다는 뉴스기사가 포털사이트에 종종 보이는 이유도 이 때문이다. 일이 힘들어서인 것도 있겠지만, 그보다도 대표·상사에 대한 신뢰를 가질 수 없기 때문이다. 즉, "흥, 사람이 최고라고? 나는 여기서 이용만 당하고 있나. 언젠가 쓸모없어지면 퇴사를 강요당하겠지"라는 생각이 들기에 알아서 떠나는 것이다. 그래서 저자는 **"좋은 종업원을 뽑으려고 하기보다, 당신에게서 배우면서 계속 함께 일하고 싶다는 생각이 들게 해주세요"라고 권한다. 좋은 인재는 대표가 관심을 보이면서 성장할 수 있는 터를 닦아주어야 오래 머물면서 성과를 창출한다.**

대표의 솔선수범도 종업원들의 주인의식을 높인다. 가령, 대표가 빗자루를 들고 청소하면, 종업원들은 "대표님도 저런 일을 하시니, 나도 저 정도는 해야겠다"고 생각하기 마련이다. 짐을 나르는 일을 대표도 직접 함께하면 더욱 능동적으로 참여하게 된다. **즉, 대표가 직접 종업원처럼 일하면, 종업원들은 대표가 자신들의 심정을 이해하고 있다는 생각을 하기 마련임을 명심하라.**

03.

잘 나갈 때 조심, 또 조심하라

창업 후 손님이 지속적으로 늘어나면 자만심이 들기 마련이다. 이 글을 작업할 적에 저자와 만난 짬뽕 전문점 대표님도 그러했다. 그분도 한창 잘 될 때 2호점을 냈더랬다. 그런데 2호점은 운영이 잘 되지 않았다. 결국 2호점은 매장 임대료도 내기 힘들어 폐점했다고 한다. 실패의 원인은 '짬뽕 국물 맛' 때문이었다. 동일한 원료를 사용해도 배합 과정에서 미묘한 맛의 차이가 발생했다. 그런데 이 대표님은 자만심에 빠져 "2호점도 잘 되겠지"라는 생각에 그런 문제를 제때 챙기지 못했던 것이다.

자만심 때문에 패착에 이른 사례들을 더 소개하겠으니, 이를 타산지석으로 삼기 바란다.

① 허광식 씨(가명)는 10대 후반기에 남대문 시장에서 옷 도매를 시작하여 상당한 재산을 축적했다. 그래서 허광식 씨는 종업원들에게 일을 맡기고, 자신은 은퇴했다. 그 후 재산을 도박으로 탕진한 허광식 씨는 다시 옷 도매업을 시작했다. 하지만 예전 거래처 사람들이 모두 외면해서 더 이상 사업을 할 수 없었다. 손안에 돈이 생기면 누구나 편안한 생활을 찾는다. 허광식 씨도 너무 일찍 성공하다보니 방탕한 생활의 유혹에 빠진 것이다.

사실, 부동산 시장에 매물로 나온 기존 업소들 중 대부분 운영이 잘 안되기 때문에 나온 매물들이지만, 종종 허광식 씨의 도매상이나 앞서의 짬뽕 전문점 같은 경우도 있다. 즉, 사업이 살되니 대표가 자만심을 가지고 다른 데 관심을 갖거나 무리하게 확장했던 것이다.

창업을 했다면 한 우물만 파면서 오랫동안 숙성시키는 과정을 가져야 한다. 그래야 내성이 쌓여서 흔들리지 않는다. 하지만 조금 잘되는 듯싶기만 하면 대출을 받아서라도 무리하게 확장하는 경우가 있다. 이렇게 하면 한순간의 위기로 모든 것을 잃을 수 있다.

② 윤미사 씨(가명)는 칼국수 전문점을 창업했다. 신도시라서 고객들이 어느 정도 모인데다, 윤미사 씨도 천성적으로 친절했기에 윤미사 씨의 매장은 그 지역에서 떠오르는 맛집으로 뽑혔다.

3년 후 윤미사 씨는 주변 땅을 더 사서 주차장까지 확보했다. 그래서 아예 매장을 확장하기 위해 바로 옆 건물에 2호점을 내기로 했다. 이를 위해 대출까지 받았다. 그런데 고객들의 반응이 예전 같지 않았다. "너무 빨리 잘되다보니 대표가 초심을 잃었고, 그래서 서비스가 예전 같지 않다!"는 소문이 퍼진 것이다.

"사촌이 땅을 사면 배가 아프다"는 말이 있다. 너무 빨리 성공했다는 티를 내면 고객들은 불편해한다는 사실을 명심해야 한다.

③ 김문규 씨(가명)는 직장 생활을 20년쯤 한 뒤 자신이 다니던 회사 앞에 당구장을 창업했다. 김문규 씨 자신이 당구를 워낙 좋아하는데다, 회사 사람들이 자주 이용해주리라 판단했기 때문이다. 김문규 씨는 퇴직금을 포함하여 4000만 원 정도를 당구장 창업에 사용했다. 예상대로 초반에 당구장은 사람들로 넘쳐났다.

김문규 씨는 6개월 만에 살이 10kg 이상 빠질 정도로 바쁘게 지냈다. 수입은 날로 늘었고, 예상 이상의 성공을 거뒀다. 그런데 매장을 밤새 관리해야 되는 당구장의 특성 때문에 김문규 씨는 다른 생각을 가지게 되었다. 즉, 더 이상 자신이 직접 관리하지 않아도 된다는 생각을 한 것이다. 그래서 야간 시간대에는 아르바이트생에게 운영을 맡겼다. "생각보다 잘된다"는 자만심에 빠진 김문규 씨는 이참에 당구장을 2곳 더 오픈했다. 하지만 그 뒤 고객들로부터 급속히 외면을 받았다. 김문규 씨가 거만해졌다는 것이 그 이유였다. 사실, 회사의 옛 동료들은 김문규 씨에게 도움을 주고 얼굴도 보려고 1호점에 왔던 것이다. 하지만 김문규 씨가 자신의 당구장에 있지도 않으면서 사업 확장에만 골몰하는 것을 보다보니 심기가 불편해졌던 것이다.

성공은 우연처럼 다가올 수도 있다. **하지만 그 성공에 취해 자만심에 빠지면, 그래서 계속 열심히 일하려고 하지 않으면 오히려 그 성공이 당신에게 해가 된다.**

사실, 사업이 잘 될 때는 나름대로 성공 요인이 있기 마련이다. 그리고 그 성공 요인이 다른 데서도 통하리라고 장담할 수는 없다. 프랜차이즈 매장들을 보라! 어쩐 곳에서는 기존의 지역 매장들이 비명을 지를 정도로 잘되지만, 대개 신규창업자들의 자금만 날리고 폐점하는 경우가 허다하다.

그래서 잘될 때 시설 확장이나 리모델링에 함부로 투자하면 안 된다. 지금 일하는 방식이 당신만의 완전한 노하우가 되고, 시스템을 구축하며, 매뉴얼을 완성시킬 때까지 매진해야 한다. 그래야 경쟁력이 생겨 2호점, 3호점을 내도 망하지 않는다. 그래도 저자의 말에 "아, 그래요" 하며 넘기고 있을 당신! '잘될 때 조심해야 할 것'을 알려줄 테니, 이건 반드시 따르기 바란다!

① 잘되더라도 최소한 3년은 현재의 자리를 고수해야 한다.
　–고객들은 위치에 민감하다.

② 자기 자신을 살찌우는 대신, 이윤을 고객들에게 베풀라.
　–매장의 대표가 자신의 부를 과시하면 고객들은 외면한다. 고객들은 서민이기
　때문이다.

③ 가격을 너무 쉽게 올리지 말라.
　–원재료 가격이 올랐다는 이유로 무턱대고 올리면 고객들은 실망한다.

④ 절대로 목에 힘을 주지 말라.
　–고객들은 주인의 불친절한 태도를 비꼬면서 오지 않는다.

04.

'사장님'에서 전과자로 전락시키는 유혹들

돈을 벌기 위해 창업하면 절대로 오래갈 수 없다. 돈의 노예가 되기 때문이다. **"즐거움과 가치를 고객에게 제공하고, 그 대가로서 이윤을 구한다"**고 마음을 먹어야 한다. 처음부터 이익에 주목한다면 결국 큰 것을 잃게 된다. 이러한 마음과는 반대되는 길을 걸어서 망한 이들을 소개하겠다.

① 박현우 씨(가명)는 서울 강남구에 생과일 주스 전문점을 열었다. 박현우 씨의 매장은 품질 좋은 과일을 원료로 사용했기에 주변의 직장인들에게서 좋은 평판을 받았다. 그럼으로써 단기간에 인기 있는 생과일 주스 전문점이 되었다.

그러자 박현우 씨는 더 많은 수익을 위해 품질이 조금 모자라는 과일들을 섞기 시작했다. 그러자 곧 고객들이 사라졌다. 결국 박현우 씨는 이 매장을 저렴한 권리금만 받고 처분해야 했다.

② 마구배 씨(가명)는 간장, 된장, 고추장 등 장류 사업에 뛰어들었다. 5년간 정성스럽게 거래처들을 개척한 마구배 씨는, 방송에도 소개될 정도로 성공한 청년 창업자의 이미지까지 굳혔다. 그런데 태양초 고추의 가격이 상승하자 품질 면에서 떨어지는 고추를 섞기 시작했다.

마구배 씨는 누구도 알지 못할 것이라고 생각했다. 하지만 그 고추를 납품하던 업자가 경찰에 입건되고, 조사 과정에서 마구배 씨와도 거래했다는 사실이 드러났다.

마구배 씨는 거래처들을 한순간에 잃었다. 결국 다른 업종으로 재창업했지만, '비윤리적인 행위를 했던 사업가'라는 꼬리표 때문에 지금도 많은 어려움을 겪고 있다.

이런 경우는 아주 많다. 사업이 안정권에 들면, 혹은 수익이 줄어들면 품질이 낮은 원재료를 사용하거나, 편법을 씀으로써 원가를 절약하려는 유혹에 빠지는 것이다.

물론 이런 행위는 단기간에 높은 이윤을 가져다준다. 하지만 결국 하지 않았으니만 못한 결과를 초래하면서 당신의 모든 것을 날릴 수 있다. 그래서 요식업 창업으로 성공한 저자의 지인은 이렇게 강조한다.

"원재료에는 절대 손대지 말라. 고객들이 먼저 알아차린다."

고객들은 제품의 품질이 변했다는 사실을, 더군다나 더욱 나빠졌다는 사실을 빨리 알아차린다. 설령 못 알아차리더라도 결국 불만을 품은 종업원이나 거래처를 통해 꼬리가 잡히는 경우도 있다.

그런데 왜 이런 일이 계속 벌어질까? 일단, "남들도 다 이렇게 한다더라"라는 사고방식 때문이다. 하지만 원료의 원산지나 유통기한을 속이는 행위는 중대한 범죄 행위다. 즉, 창업 후 전과자가 되기가 그래서 쉬운 것이다. 특히 식품위생법을 어기는 행위는 대개 종업원이 저지르지만, 책임은 그를 고용·관리하는 대표가 진다.

그러니 특히 요식업계에 뛰어드는 창업자는 원재료와 매장, 종업원 관리와 법규 지키기를 더욱 꼼꼼히 신경써야 한다. 자칫 마구배 씨처럼 전과 기록이 꼬리표처럼 남을 수 있기 때문이다.

주목! **창업 전부터 자기조절 역량을 갖춰야 한다**

'자기조절 역량'이란 자신의 행동을 과정부터 점검하고, 자신이 지금 하는 행위가 적절한지 평가하는 역량이다. 즉, 자기조절 역량이 높은 사람은 자신의 행동을 잘 조절·통제한다. 그런 사람은 자신의 목표를 달성하는 과정에서 무엇을 잘못하고 있는지 파악하고, 그것을 고치려고 노력한다. 그래서 삶의 가치관을 바르게 형성한다. 특히, 창업자는 창업 전부터 뛰어난 자기조절 역량을 갖춰야 한다. 이윤의 유혹에 쉽게 노출되기 때문이다. **이윤을 추구하는 가치관이 앞서다보면 판단력이**

흐려지면서 편법을 저지르거나, 부동산 중개업자나 건물주 혹은 인테리어 업자에게 낚여 어처구니없는 조건으로 매장 임대 계약이나 인테리어 계약을 하게 된다. 더군다나 성공한 창업자가 한순간에 무너지는 이유도 자기조절 역량을 관리하는 데 실패했기 때문이다. 그러니까 종업원과 부적절한 관계를 맺거나, 횡령, 도박, 원재료 속이기 등 다양한 형태의 비윤리적 행위는 바로 자기조절 역량 관리에 실패한 사례들이다. 저자 주변의 관련 사례들을 아래에 소개하겠다.

① 최호진 씨(가명)는 서울 강남구에서 제법 규모가 큰 마트를 운영하고 있었다. 그런데 어느 날 부동산 중개업자에게서 잘되던 매장이 매물로 나왔다는 소식을 들었다. 상황을 알아보니 매장에 현금이 쌓이자 대표는 도박을 일삼았고, 점주는 횡령을 했다는 것이다. 그러니까 대표가 비윤리적 행위를 하니 종업원인 점주도 역시나 횡령을 하는 등 조직이 썩어들어갔던 것이다.

② 장사를 시작해보려던 최순철 씨(가명)는 부동산 시장에 매물로 나온 매장들을 돌아다녔다. 괜찮은 매물을 발견한 최순철 씨는 권리금과 임대료 등이 너무 비싸 포기할까 생각했다. 그런데 부동산 중개업소에서 연락이 왔다. 건물주가 권리금과 임대료를 낮춰주겠다고 했다는 것이다. 그래도 돈이 부족하다면 부족분은 창업 후 무이자로 조금씩 갚으라고 했더랬다. 최순철 씨는 이자를 내지 않으니 좋다는 생각에 계약을 하고 말았다. 하지만 최순철 씨는 창업 후 자신이 잘못된 계약을 체결했음을 깨달았다. 당초에 부동산 중개업자와 건물주가 제시한 매출의 반도 채우지 못하는 경우가 허다했던 것이다. 아울러 전기, 가스, 수도 관련 시설들에 문제가 있다보니 관리비와 운영비가 지나치게 많이 나갔다.
결국 최순철 씨는 다른 업종의 창업을 하겠다는 이에게 매장을 헐값에 처분해야 했다. "쉽게 이윤을 낼 수 있다"는 다른 이들의 말에 마음이 흔들려 잘못된 판단을 함으로써 엄청난 손해를 본 것이다.

05.

동업하자는 이에게는 계약서를 요구해야

"동업은 사랑과 같다. 처음에는 자금과 아이디어를 합칠 수 있어 좋아하지만, 곧 '우리는 역시 다르다'는 생각에 이른다."

그래서 저자는 동업을 하겠다는 사람들에게는 다음과 같은 충고를 한다. 이는 10년 이상 된 친구와 동업을 하더라도 반드시 따라야 한다. 낭패, 그보다 인간 불신과 우울증에 빠진 폐인이 되지 않으려면 말이다. 분명히 강조하는 바, 동업을 할 바에는 차라리 창업이나 장사를 하겠다는 생각을 접는 것이 낫다. 친구와의 관계도 유지되고, 돈과 시간과 노력을 낭비하는 일도 없을 것이기 때문이다.

(1) 계약서 없이 동업하면 안 된다

동업은 대개 인간관계에 대한 신뢰로 시작된다. 그런데 사업이 안 정기에 접어들면 수익 배분, 자금 지출, 추가 투자 문제 등 때문에 의견 충돌이 발생한다. 심지어 아주 사소한 문제 때문에 감정이 상하면서 동업이 틀어지는 경우도 있다. 이런 경우에 대비하여 계약 관계를 명확하게 하고서 동업을 시작해야 한다.

계약서에는 수익 배분, 역할과 책임, 지분 관계 등에 대해 명확히 기록해야 한다. "어차피 잘 아는 사이에 이런 걸 작성할 필요가 있나요?" 라고 상대방이 말한다면, 그냥 동업을 포기하는 것이 낫다.

(2) 투자만 받는 동업은 안 된다

자금이 부족하면 돈만 주는 사람(이른바 '물주')을 참여시킨 뒤 그에게 일정한 지분을 주는 형태로 동업하게 된다. 그런데 이러한 동업은 사업이 안 될 경우에 문제를 일으킨다. 아무리 관계가 좋아도 '동업자'의 잘못된 경영 탓에 자신이 투자한 '알토란 같은 돈'이 날아갈 것 같다면 기분이 좋을 리 없기 때문이다. 이런 경우에는 대개 법적 소송까지 간다. 그래서 "남의 돈을 쓸 때에는 분명히 주의해야 한다"는 어르신들 말씀을 되새겨야 하는 것이다.

(3) 지분을 천편일률적으로 나누면 안 된다

많은 사람이 사업에 참여하게 되면 지분을 나눠주면서 성공에 대한 기대감마저 품도록 만들기 마련이다. 하지만 여러 사람이 지분을 쪼개 가지고서 참여하는 구조는 성공 가능성이 매우 낮다. 의사 결정을 하기가 힘들고, 일에 참여하는 사람들의 업무량, 책임, 권한 등이 상이하기 때문이다. **그렇기 때문에 지분은 일에 분명히 참여하는 사람들의 역량과 책임, 역할 등에 맞춰 배분해야 한다.**

(4) '전임'과 '비전임'으로 동업하면 안 된다

간간히 참여하는 멤버인 '비전임'은 일의 전반적인 흐름을 알지 못한다. 그러니 동업을 하려면 완전히 몰입해야 한다. 만약 다른 일에 더 집중해야겠다거나 일정상 참여하지 못하겠다는 사람은 동업 때 배제하는 것이 낫다. 일의 성과가 공평하게 배분되지 못할 가능성이 높고, 멤버들 사이에서 불협화음을 일으킬 수 있기 때문이다. **그러니까 "확실하게 참여하든가, 그게 힘들면 동업할 생각을 접으시오!"라고 단호하게 말해야 한다.**

06.

노력하는 자를 당해낼 수는 없다

김만철 씨(가명)는 5년 전 500여 세대 규모의 아파트 단지 내 상가 2층에 세탁소를 창업했다. 부지런한 성격 덕에 매출은 꾸준히 올랐다. 그러나 1년 전 저렴한 가격으로 승부하는 대형 세탁 프랜차이즈가 근처 상가에 입점하자 제대로 잘 수조차 없게 되었다. 설상가상으로 그 뒤 같은 프랜차이즈의 세탁소가 주변에 3개 더 생겼다. 4개의 프랜차이즈 세탁소들은 유동인구가 많은 대로변에 위치했으며, 저렴한 가격과 대대적인 할인 행사 등으로 고객들을 끌어들였다. 김만철 씨의 역량으로는 도저히 이를 능가할 수 없었다.

아파트 입주민들은 김만철 씨의 세탁소가 곧 망할 것이라고 단정했다. 그러나 김만철 씨는 이대로 주저앉을 수가 없었다. 그래서 가격은 조금 비싸더라도 열심히 뛰는 방법을 택했다. 아파트 단지 내에서 세탁물을 저녁 때 수거·배달한 것이다. 프랜차이즈 세탁소는 저녁 때 에는 수거·배달하지 않는다는 점에 주목한 것이다.

그러자 주변의 아파트 단지에서도 전화가 오기 시작했다. 김만철 씨는 2~3km도 마다하지 않고 옷을 수거·배달해주었다. 그 덕에 김 만철 씨의 매출은 1년 전보다 오히려 더 늘어났다. 고객들이 부지런 한 김만철 씨를 신뢰하면서 옷을 맡기게 되었기 때문이다.

세탁소, 빵집, 독서실, 치킨 전문점, 카페, 슈퍼마켓 등 대표 자영업 들이 요즘 대형 프랜차이즈들의 골목 상권 진입으로 설자리를 잃고 있다. **이러한 소자본 자영업 분야들은 경쟁이 과열되면서 상권에 따라서 는 "다 함께 제 살을 깎아먹으면서 죽자!" 하는 단계에까지 이르렀다.** 물 론 당신이 아주 특별한 창업 아이템을 만들었더라도, 그것에 대해 특 허를 인정받지 않은 이상, 누군가가 모방하여 창업하기 마련이다. 더 군다나 대기업 자본을 등에 업은 프랜차이즈와 경쟁해야 한다면 아 주 막막할 것이다. 마치 초거대 전함과 마주한 손바닥만한 군함의 함 장과 같은 심정일 것이다.

하지만 전쟁사에는 소형 군함이 대형 전함을 격침시킨 사례가 무 수히 많다. 커다란 배가 쉽게 움직이기 힘들고, 이쪽은 작아서 적이 조준하기가 어렵지만 저쪽은 거대하기에 조준하지 않아도 포탄이 맞 는다는 점을 이용한 것이다. **소자본으로 창업한 분들도 그 지역에 입점**

한 프랜차이즈 업체의 단점을 찾아낸다면 이길 수 있다.

사실 프랜차이즈 매장은 초기에 적정 수준 이상의 수익을 올리지 못하면 절대로 버틸 수 없다. 프랜차이즈 본사에 가맹비를 지불해야 하고, 프랜차이즈 본사가 제시하는 조건에 따라 인테리어를 하고, 종업원들을 고용하며, 홍보 이벤트를 벌이거나 마케팅 비용을 지원해야 하기 때문이다.

특히 프랜차이즈 본사들은 가맹점주인 신규창업자에게 막대한 액수의 초기 비용 투자를 요구하는 편이다. 그래서 겉은 화려해 보여도 가맹점주는 속이 타서 잠을 못 이루는 경우가 많다. 그러니 당신 매장 바로 근처의 프랜차이즈 매장이 초반에 공격적 마케팅과 저가격 공세를 하더라도 당황할 필요가 없다. 더 이상 버틸 수 없다면 빠져나갈 것이니 말이다.

결국 김만철 씨의 경우처럼 주변에 경쟁자가 생기면 더 열심히 고객들을 찾아다니면서 버티는 수밖에 없다. 가만히 앉아서 한탄만 하고 있어봤자 결국 경쟁 매장들의 단기간 마케팅과 저가 공세에 기존 고객들만 뺏길 것이기 때문이다. **강한 자가 오래 사는 게 아니라, 오래 사는 자가 강한 것이라는 말도 있지 않은가.**

07.

보아라! 이것이 손익분기점의 힘이다!

2015년부터 2016년 초반까지 맛집 트렌드는 다음과 같다. 신도시에 거주하는 30대 주부들 사이에서 높은 평가를 받고 있는 맛집들이 당연히 신도시 일대에 나타났으며, 스테이크와 파스타, 피자 등 '다양한 서양 요리'를 한꺼번에 취급하는 패밀리레스토랑 체인점들이 힘을 잃고, 이탈리아 정통 파스타(스파게티 포함)나 화덕피자, 미국·브라질식 정통 스테이크를 주메뉴로 하는 '진짜 전문점'이 큰 인기를 끌고 있다.

사실, 2000년대 초반부터 원두커피(와 와인)가 인기를 끌기 시작하면서 '커피(및 와인)와 잘 어울리는 식사'인 서양 요리들도 덩달아 인기를 끌기 시작했다. 이는 패밀리레스토랑 열풍을 일으키더니, '정통 요리 전문점'으로 진화한 것이다.

그런데 이러한 레스토랑을 창업할 때에는 인테리어와 전문 요리사 고용, 식자재 마련 등에 따른 비용 등 적잖은 자금이 필요하다. SNS와 포털사이트 덕에 높아진 고객의 눈높이도 맞춰야 하다보니 메뉴를 개발하기도 어렵다. 자칫하면 '국적 불명의 엉터리 음식이나 내놓는 곳'으로 블로그나 SNS에 소개당할 수도 있다. 그래서 '맛집'은 쉽게 접근하기 어려운 사업 아이템이다. 일단 다음의 사례를 보라.

곽달호 씨(가명)는 송도 신도시에 '이탈리아식 전통 스파게티 레스토랑'을 근사하게 차렸다. 곽달호 씨의 예상대로 매장은 금새 고객들로 넘쳐났다. 가장 저렴한 메뉴도 1만 원이 넘지만 점심시간은 물론 저녁시간에도 항상 예약 손님들이 넘쳐났다. 주변 매장들이 텅텅 비어있는데도, 곽달호 씨의 레스토랑은 늘 사람들로 붐볐다. 저자는 곽달호 씨의 레스토랑이 고객을 끌어들이는 '차별적 요소'를 알고 싶었다. 그래서 곽달호 씨를 간신히 설득해 이야기를 나눌 수 있었다.

곽달호 씨는 이미 이보다 작은 레스토랑을 분당에서 창업했었다. 즉, 예전에 아주 작게 창업을 해서 수익을 올린 뒤 송도 신도시에 새로운 레스토랑을 오픈한 것이다. 하지만 곽달호 씨가 분당에서 창업했을 당시에도 확신을 가진 것은 아니었다고 한다. 오히려 고객들 중 대부분이 곽달호 씨가 처음 개발했던 메뉴들에 냉담한 반응을 보였다고 한다.

곽달호 씨는 서구권에서의 어학연수·유학 경험이 있거나 미국·서유럽을 동경하는 젊은 여성들을 집중적으로 공략하기로 마음먹었다. 이 전략에 따라 메뉴를 차별화시켰다.

또한 다른 레스토랑에 지지 않도록, 그리고 변화무쌍한 고객 입맛에 맞출 수 있도록 지금도 메뉴 개발을 직접 하고 있다. 물론 특정 고객층에게는 어떤 서비스를 제공할 것인지도 늘 연구하고 있다.

하지만 곽달호 씨의 레스토랑은 아직까지 손익분기점을 넘기지 못하고 있다. 그러니까 아직까지는 투자 대비 수익을 거둬들인 상태는 아닌 것이다. 결국 잘 나가는 것처럼 보이기는 해도, 아직까지 손익분기점을 넘기지 못한 것이다. 즉, 고객들에게 지속적으로 더욱 널리 알려지고 그래서 매출이 늘어나야 손익분기점을 넘길 수 있다.

물론 손익분기점을 넘기면 매출은 곧 이익이 된다. 곽달호 씨도 그런 사실을 너무도 잘 안다. 그래서 "언제쯤 손익분기점을 넘길지, 그러니까 그동안 투자했던 자금을 다 회수하고, 순이익을 거둬들일 수 있을지 계산하면서 영업했지요"라고 말했다. 더 많은 고객을 유치함으로써 매출을 끌어올리기 위한 노력을 게을리 하지 않는 것이다.

손익분기점의 힘은 매우 놀랍다. 일단 넘어가기가 어려워서 그렇지, 한번 넘기만 하면 매출 자체가 바로 이익으로 돌아오기 때문이다.

독자 여러분은 쇼셜커머스 업체들이 고객들에게 반값으로 판매하던 요식업체 이용 티켓을 이용해본 적이 있는가? 이런 이벤트에 참여

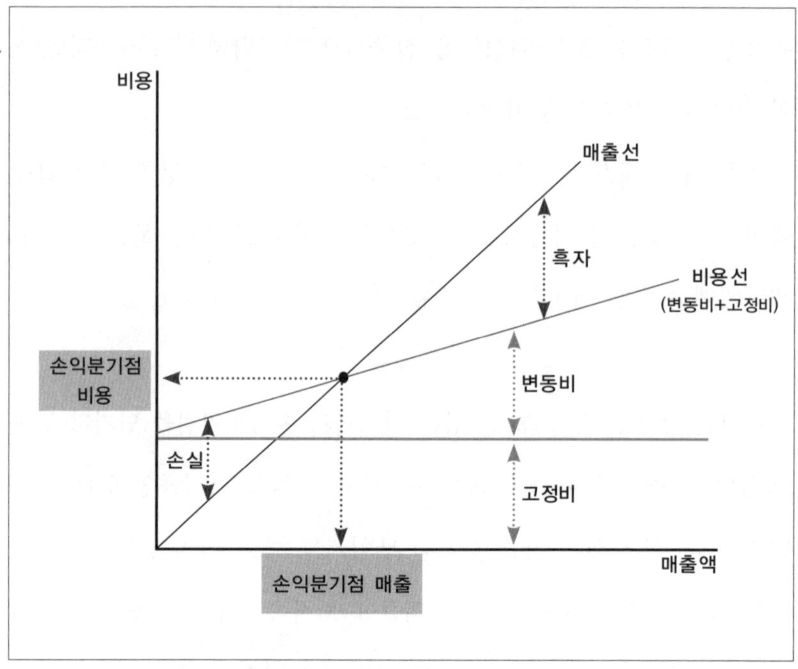

한 요식업체들은 대개 '손해를 보면서' 반값 티켓을 제공했다고 알려져 있다. 하지만 그 요식업체들이 반드시 손해를 본 것은 아니다. 해당 요식업체들이 이 이벤트에 참여한 이유는 **"박리다매식으로라도 매출을 올려 손익분기점을 넘기기 위해서"였기 때문이다.** 또한 이런 이벤트를 통해 한번 찾아온 고객들이 단골이 될 것이라는 계산도 했기 때문이다.

그리고 모든 아이템은 〈그림5-1〉에 따라 생애를 마감한다는 사실을 명심해야 한다. **그러니 당신이 기술·노하우가 부족하여 어쩔 수 없이 프랜차이즈 창업을 고려한다면, 해당 아이템이 〈그림5-1〉 중에서 어**

디쯤에 있는지 살펴야 한다. 만약 해당 아이템 혹은 그 프랜차이즈 본사가 '도입기'를 막 지나고 있거나, 유명세를 확보하여 '성숙기'에 이미 진입했다면 그 프랜차이즈 업계에는 절대로 발을 들여놓아서는 안 된다. 자칫 당신이 이용만 당하거나, 막차를 타는 셈일 수 있기 때문이다.

창업 후 3개월이 3년을 버티게 해준다

"좋은 창업은 돈을 많이 버는, 수익이 많이 나는 창업이다"라고 저자의 지인들도 말한다. 하지만 창업 초기에는 기대 이하의, 심지어 "내가 고작 이거 벌자고 직장 관두고 창업했나?" 싶을 정도의 수익만 올릴 뿐이다.

사실, 수익이 발생되는 시점은 고객들이 제품·서비스를 이용해본 뒤 재구매할 때다. 그래서 성공한 창업자들은 이구동성으로 이렇게 말한다.

"장사를 처음 해보시는 분들은 매장 문을 연 지 한 달 정도면 수익이 날 거라고 믿더라고요. 하지만 창업을 했다면요, 최소한 3년은 버텨야 해요. 그래야 시장에서 인정을 받고, 단골고객들도 확보되니까요. 수익은 그때부터 생겨요."

창업 초기에는 수익이 나더라도 자신이 투자한 것과 비교하면 '손해도 면하기 어려운 수준'이라는 사실을 명심해야 한다. 즉, 수익이 나더라도 모든 것을 따지고 보면 '돈을 번 게 아닌' 셈이다.

그러니 돈을 벌기 위해 창업을 해야겠다면, 그 전에 최소한 3년은 버틸 수 있도록 생활비 등을 마련해두어야 한다. 그래서 Part 2에서 누누이 말했듯이 "아주 작게 시작해야 한다"는 것도 그 때문이다. 설령 3년 이내에 문을 닫더라도 손실이 적고, 최소한 3년은 버티는 데 필요한 생활비를 더욱 많이 준비할 수 있기 때문이다.

아울러 이 책의 앞서 Part들에서 누누이 말했던 것을 정리하는 차원에서 다음과 같은 조언들을 제시하는 바이다.

(1) 실패를 통해서 성공을 확인하라

사골을 고아봤는가? 사골을 고을 때에는 처음 끓인 것은 버린다. 쇠기름 등 불순물이 많기 때문이다. 그런 식으로 몇 번을 더 고으고 버리는 작업을 한 뒤에야 비로소 설렁탕 국물 등 진한 육수를 만든다. 창업도 이와 같은 과정이 필요하다.

사실, **'창업 실패'란 매장을 연 지 3년 뒤의 일이다.** 그 전에 실패한다면, 그것은 사골의 불순물을 버리는 것과 같은, 단지 '창업 성공을 위한 과정'일 뿐이다.

그래서 창업지망생은 아주 적은 돈으로 장사 준비를 해야 한다. "앞으로 3년간 터를 잡고 방향을 세우겠다!"고 다짐해야 한다. 창업 후 수익을 낼 때까지 필요한 생활비를 마련하기 위해서라도 돈을 투자하는 것은 지양해야 한다. 돈보다 시간을 훨씬 더 많이 투자해야 하는 것이다. 처음이란 '배움의 과정', '사골의 불순물을 버리는 과정'이기 때문이다.

사실, 무슨 일이든 배우지 않고 시작한다면 반드시 실패한다. 창업도 예외는 아니다.

(2) 남들이 "말도 안 된다!"고 생각하는 아이템에 도전하라

죽 전문 프랜차이즈인 '본죽'의 대표 김철호 회장은 현재 1,500여 개의 가맹점을 확보한 '성공한 창업자'다. 그는 가맹점의 폐업률이 거의 제로에 가까울 정도로 높은 성장을 거듭했다. 하지만 그의 창업이 처음부터 잘된 것은 아니다.

김철호 회장은 대학 졸업 후 신문사에서 5년간 근무하다가 목욕용품을 수입·판매하는 회사를 창업했다. 하지만 IMF 사태로 부도를 맞이했다. 김철호 회장은 집까지 잃었지만 좌절하지는 않았다. 그는 포장마차에서 호떡을 팔면서 재기를 준비했다.

다행히 호떡장사가 잘되어 돈을 모으자 다시 창업했다. **그는 사업 실패를 경험해보지 않았더라면 지금의 성공은 있을 수 없었으리라고 강조한다.** 프랜차이즈 사업에 대한 그의 노하우와 고객을 대하는 마음자세가 이러한 '실패에 따른 교훈'에서 나온 것이라면서 말이다.

김철호 회장의 성공의 기반은 '발상의 전환'이었다. 이전까지 죽은 환자나 어린이의 음식이었다. 그래서 죽을 요식업 아이템으로 삼겠다는 그의 생각에 지인들마저 고개를 절래절래 흔들거나 코웃음을 쳤다고 한다.

하지만 김철호 회장에게는 "다음번 창업은 반드시 성공시켜야 한다!"는 절박감이 있었고, 그것이 다른 사람들이 보지 못하던 것을 보게 했다. 예를 들면, 스트레스를 많이 받거나 술자리를 가지는 직장인들에게는 속이 편안한 식사가 필요하다는 사실 등을 말이다.

남들이 주목하는 아이템보다 '불가능하다'고 생각하는 아이템에 도전한다면, 그리하여 '개척자'가 된다면 창업 성공의 가능성도 높아진다.

자신의 노하우와 자기가 직접 구축한 시스템이 없는 창업은 지속적인 수익을 보장해주지 못한다. 프랜차이즈처럼 남이 잘해서 성공시킨 장사 노하우와 시스템을 그대로 이어받을 뿐이라면 10명 중 8~9명은 실패한다. **"가맹점주가 직접 고생해보지 않아도 돈으로 노하우와 시스템을 갖출 수 있다"**는 주장은 사기꾼의 낚시질일 뿐임을 명심하라.

망가지지 말고 꼿꼿하게 살아남아라

2015년 MBC 연기대상을 차지한 배우 지성은 이렇게 말했다.

"가장 기억나는 감독님이 있습니다. 제가 연기를 너무 못해 그 감독님께서 절 케스팅한 걸 후회한다고 하셨어요. 저처럼 연기를 못하는 사람은 처음 봤다고 하셨죠."

지성은 그 말 하나 때문에 지난 16년간 연기를 하면서도 늘 초심을 잃지 않으려 했고, 또한 포기하지 않았다고 한다.

저자는 독자들이 창업을 하면서 지성처럼 일해야 한다고 본다. 지금도 수많은 배우들이 나타났다가 사라지기를 반복하지 않는가! 연예계에서는 외모와 재능이 있다고 다 성공하는 것이 아니니 말이다.

고생과 시련, 배고픔을 경험해봐야 악착같이 매달리는 힘도 생긴다.

창업하면서 반드시 고려해야 할 것도 미래의 모습과 현실의 차이를 줄일 방법이다. 하지만 대다수의 창업지망생들은 '될 것처럼 보이는 것'에만 온통 관심을 가진다. 그래서 창업의 절차·방식을 무시한 채 자기 마음대로 실행하고 낭패를 본다.

물론 장사해볼 만한 아이템은 우리 주변에 널려있다. 그리고 이들에 대해서는 한결같이 '잘되는 점'만 부각되어있다. 매출이 얼마나 높은지, 수익률은 얼마나 대단한지 같은 광고들과 '관련 기사들'이 눈길을 끄는 것이다. "저게 사실일까?"라고 스스로에게 물어보는 창업지망생은 극소수에 불과하다. 사실, 절박한 상황에 놓여있다보니 깊이 생각해볼 겨를이 없기 때문이기도 하다. 심지어 부동산 중개업자나 프랜차이즈 본사의 영업자 중에는 그런 점을 노리는 자들도 있다.

창업지망생이라면 실패 사례를 파악하고 성공 요인들을 수집·분석해야 한다. 그리고 '자칭 전문가들'의 주장에 솔깃하지 말고, 직접 실제로 도전해봐야 한다. "파란 기와를 굽는 사람은 아들에게도 기술을 알려주지 않는다"는 말이 있고, "내 요리 노하우는 며느리도 모른다"는 말도 있지 않은가. 이렇듯 잘되는 노하우를 알려주는 경우는 거의 없다는 사실을 명심해야 한다.

심지어 자신의 성공 사례를 책으로 혹은 뉴스 인터뷰로 소개하는 이들의 의도가 실은 자신의 성공을 과장함으로써 자기 자신의 사업에 투자하거나 프랜차이즈 창업을 할 사람들을 모으기 위함인 경우도 있다. 그래서 "자기가 직접 걸어다니면서 보고 듣고 확인해야 한다!"는 '불후의 명언'도 있는 것이다.

그래서 이 책을 읽고 창업을 준비하더라도 이 책에 너무 의존하지 말 것을 권하는 바이다. 당신 자신도 창업 준비 과정에서 미처 주의 깊게 보지 못한 것들을 직접 살펴보려는 마음가짐을 갖춰야 한다.

어차피 인간이 활동할 수 있는 기간은 평균 70년 정도다. 그러니 부디 당신이 진정으로 좋아하는 일을 하기를 바란다. 아울러 무슨 일을 하든 말년에 '내가 시간을 낭비했구나!' 하는 후회를 하는 일은 없기를 바란다. 늘 건강하고 행복한 당신이 되기를 기원하겠다.

윤정근

한언의 사명선언문

Since 3rd day of January, 1998

Our Mission   – 우리는 새로운 지식을 창출, 전파하여 전 인류가 이를 공유케 함으로써 인류 문화의 발전과 행복에 이바지한다.

  – 우리는 끊임없이 학습하는 조직으로서 자신과 조직의 발전을 위해 쉼 없이 노력하며, 궁극적으로는 세계적 콘텐츠 그룹을 지향한다.

  – 우리는 정신적·물질적으로 최고 수준의 복지를 실현하기 위해 노력 하며, 명실공히 초일류 사원들의 집합체로서 부끄럼 없이 행동한다.

Our Vision   한언은 콘텐츠 기업의 선도적 성공 모델이 된다.

저희 한언인들은 위와 같은 사명을 항상 가슴속에 간직하고
좋은 책을 만들기 위해 최선을 다하고 있습니다.
독자 여러분의 아낌없는 충고와 격려를 부탁 드립니다.

· 한언 가족 ·

HanEon's Mission statement

Our Mission   – We create and broadcast new knowledge for the advancement and happiness of the whole human race.

  – We do our best to improve ourselves and the organization, with the ultimate goal of striving to be the best content group in the world.

  – We try to realize the highest quality of welfare system in both mental and physical ways and we behave in a manner that reflects our mission as proud members of HanEon Community.

Our Vision   HanEon will be the leading Success Model of the content group.